평신도 구역공과

평신도 구역공과4

초판 1쇄 인쇄 | 2024년 12월 30일
초판 1쇄 발행 | 2024년 12월 30일
지은이 | 고요셉
펴낸이 | 정신일
펴낸곳 | 크리스천리더
책임편집 | 홍소희
교 정 | 이숙자, 성주희
http//www.cjesus.co.kr

주소 : 경기도 부천시 소사구 성주로 96 제일빌딩 6층
연락처 : ☎ (032)342-1979
일부총판 : 생명의 말씀사 (02)3159-8211
등 록 : 제2-2727호(1999. 9.30.)

ISBN 978-89-6594-376-1 (03230)
값 8,500원

※ 잘못된 책은 구입하신 곳에서 바꾸어 드립니다.

임 명 장

성 명 :

년 월 일생

위 사람은 년도 하나님의 충성된 일꾼으로

그 직분을 신실하게 감당할

본 교회 로 임명합니다.

년 월 일

교회

담임목사

저자서문

“그리스도의 말씀이 너희 속에 풍성히 거하여 모든 지혜로 피차 가르치며 권면하고 시와 찬송과 신령한 노래를 부르며 감사하는 마음으로 하나님을 찬양하고”(골로새서 3:16)

어린 시절 가정교회에서부터 예배가 시작되었던 때를 기억합니다. 온 가족이 한자리에 모여, 성경 말씀 하나로 하나되었던 그 시작이 오늘날 우리 영통영락교회를 있게 하였습니다. 교회의 시작은 예수그리스도이시며, 그리스도와 말씀을 중심으로 모인 성도들의 기도를 통해 교회가 시작되었습니다.

오늘날 우리는 빠르게 변화하는 시대 속에서 진리의 말씀을 붙잡고 살아가야 하는 도전과 기회를 마주하고 있습니다. 이 교재는 그러한 상황 속에서 하나님의 말씀이 우리의 삶에 어떻게 실제적으로 적용될 수 있는지를 탐구하며, 각자의 믿음이 굳건히 세워지고, 공동체가 하나 되어 열매 맺는 삶을 살도록 돕는 데 목적을 두고 있습니다.

말씀을 중심으로 성도들이 각 가정에서 소그룹으로 모여, 말씀의 은혜를 되새기고, 삶에 적용함으로 삶이 변화되고, 신앙이 성장하길 소망합니다. 또한 소그룹의 성장을 통하여 교회를 살리고, 소그룹이 말씀으로 하나 되어 부흥하는 교회로 하나되기를 소망하며 평신도 소그룹 공과를 집필하였습니다.

이 교재는 교회력을 기반으로 하여 각 절기에 맞는 말씀을 나눔으로써 교회에서 받은 말씀을 가지고 소그룹에서 이어져서 은혜를 나누도록 하였습니다. 또한 각 시리즈 말씀을 중심으로 다양하고 깊은 말씀의 은혜를 심화적으로 나누게 하였습니다.

강단에서 선포되었던 생생한 하나님의 말씀을 함께 경험하는 귀한 시간이 되길 바라며, 함께 모여 말씀과 기도를 나눌 때에 더욱 크게 역사하실 하나님의 응답을 기대합니다.

이 책의 처음 부분인 「예배 가이드」는 말씀의 주제와 핵심을 함축하여 본문 전체의 시작을 잡는 목표를 제시하였습니다.

「피드백」은 오늘 말씀의 중요 핵심 구절들을 다시 확인함으로써 말씀중심의 은혜를 돌아보게 하였습니다.

그리고 「나눔과 적용」을 통해서 어떻게 말씀을 우리의 삶에 잘 적용할 것인가? 태도의 변화를 통해 어떤 신앙의 모습으로 될 것인가? 고백하며 결단하는 시간을 갖게 구성하였습니다.

이 책을 통하여 풍성한 나눔과 교제, 중보기도로 아름다운 소그룹 모임이 되기를 바라며 교회의 부흥을 위해 함께 협력되기를 간절히 소망합니다.

책이 나오기까지 원고를 정리하며 헌신한 영통영락교회 문서 선교부의 수고 손길에 진심으로 감사드리며, 크리스천 리더 출판사에도 고마운 마음을 전합니다.

제자 되어 부흥하기를 꿈꾸는 영통영락교회에서
고요셉 목사 드림 고요셉 목사

차례

[신년주일]

제1주
살리며 살아나는 교회

♣ 예배 가이드: 새로운 시작을 예수님과 함께 시작하며 오직 예수님만 믿고 주님안에 거하며 예수님만 의지함으로 살리며 살아나는 성도가 됩시다.

■ 본문: 요한복음 6장 35~40절

■ 찬송: 325장, 390장

■ 요절

"예수께서 이르시되 나는 생명의 떡이니 내게 오는 자는 결코 주리지 아니할 터이요 나를 믿는 자는 영원히 목마르지 아니하리라"(요6:35)

양성우 시인의 '살아있는 것은 아름답다'라는 시가 있습니다.

"살아있는 것은 아름답다. 아무리 작은 것이라고 할지라도 살아있는 것은 아름답다. 모든 들꽃과 꽃잎들과 진흙 속에 숨어사는 것들이라고 할지라도 그것들은 살아있기 때문에 아름답고 신비하다 … 오직 하나 살아있다는 이유만으로 그것들은 무엇이나 눈물겹게 아름답다." 세상의 모든 것은 살아있을 때 아름다운 것입니다.

그러면 살리며 살아나는 교회가 되기 위해 어떻게 해야 할까요?

1. 예수님만 믿어야 합니다

"예수께서 이르시되 나는 생명의 떡이니 내게 오는 자는 결코 주리지 아니할 터이요 나를 믿는 자는 영원히 목마르지 아니하리라"(요6:35).

본문은 예수님께서 오병이어의 기적을 행하신 후에 하신 말씀입니다. 당시 사람들은 먹는 것이 주요 관심사였기에 예수님의 기적을 경험한 사람들은 예수님이 자신들의 배고픔에 어떤 만족을 주실까만 생각했습니다. 그런데 주님은 '나는 생명의 떡이니(I am the bread of life)'라고 말씀하시며 육신의 허기뿐 아니라 영생의 문제를 해결해 주시는 분이시라 말씀하고 계십니다.

우리의 삶에 필요한 것들이 많습니다. 물질, 기회, 재능, 돕는 사람, 지혜, 건강도 필요하지만 더욱 필요하고 중요한 것이 있습니다. 바로 생명의 떡이 되시는 예수님을 믿고 의지하는 것입니다.

"그러나 내가 너희에게 이르기를 너희는 나를 보고도 믿지 아니하는도다 하였느니라"(요6:36).

오병이어의 기적을 체험한 자들이나, 주님과 함께 하고 있는 제자들 중에도 주님을 보고도 믿지 않는 자들이 있다는 것입니다. 예수님을 믿는다는 고백은 처음 구원을 받았을 때나 예수님을 처음 믿을 때만 하는 신앙 고백이 아닙니다. 우리는 날마다 예수님을 믿는다는 고백을 해야 합니다.

2. 예수님 안에 거해야 합니다

"아버지께서 내게 주시는 자는 다 내게로 올 것이요 내게 오는 자는 내가 결코 내쫓지 아니하리라"(요6:37).

스펄전 목사님은 이 성경 구절 말씀으로 '예수님의 약속의 존속기간은 어떤 제한도 받지 않는다'고 말했습니다. 세상에 기한 없는 사랑, 조건 없는 사랑이 어디에 있습니까? 모든 것에 다 기한이 있습니다.

그런데 유통기한도 없고 무조건적인 사랑이 있습니다. 아무리 실수를 하고 부족하다 할지라도 절대로 내쫓지 않는 사랑이 있습니다. 바로 예수님의 사랑입니다. 우리 삶에 어떤 죄의 모습, 연약한 모습, 부끄러운 과거가 있다 해도 주님은 여전히 우리를 사랑하십니다.

다만 우리가 주님 안에만 거하면 됩니다. 언제든지 회개하고 돌아오기만 하면 주님은 다시 살아나게 하십니다. 회복시키십니다. 문제는 돌아오지 않는 탕자입니다. 주님은 기다리고 계시는데 기다리시는 주님을 생각하지 못하는 것이 문제입니다.

3. 예수님을 의지해야 합니다

"내 아버지의 뜻은 아들을 보고 믿는 자마다 영생을 얻는 이것이니 마지막 날에 내가 이를 다시 살리리라 하시니라"(요6:40).

스키를 잘 타기 위해서는 빨리 앞으로 나가는 것부터 배우는 것이 아니라 잘 넘어지는 것부터 배웁니다. 유도선수들도 처음에 상대를 넘어뜨리는 기술을 배우는 것이 아니라 잘 넘어지는 기술인 낙법부터 배웁니다. 아기가 처음 걸음마를 할 때 넘어지는 것을 보고 우는 부모는 없습니다. 오히려 잘했다고 칭찬합니다. 왜 그렇습니까? 자꾸 넘어져야 빨리 걷는다는 것을 알고 있기 때문입니다.

"대저 의인은 일곱 번 넘어질지라도 다시 일어나려니와 악인은 재앙으로 말미암아 엎드러지느니라"(잠24:16).

우리가 다시 일어나기 위해서 계속해서 노력하고 끝까지 포기하지 않으면 반드시 이루어집니다. 그런데 우리에게 더 중요하고 확실한 것은 다시 살게 하시는 주님을 의지하는 것입니다.

인생의 넘어짐은 선택이 아니라 성숙을 위한 필수과정입니다. 세상은 넘어지는 사람들을 가리켜 실패했다고 하지만 성경은 넘어지고 쓰러져야 다시 일어날 수 있음을 가르쳐 줍니다.

"나를 보내신 이의 뜻은 내게 주신 자 중에 내가 하나도 잃어버리지 아니하고 마지막 날에 다시 살리는 이것이니라"(요6:39).

살리며 살아나는 교회는 어떤 교회입니까? 한 영혼도 낙오되지 않고 한 사람도 절망하거나 낙심하지 않는 교회입니다. 이런 교회가 되기 위해서 함께 힘을 내야 하고 함께 다시 일어서야 합니다. 주님만 의지하여 주님과 함께 힘을 내고 주님과 함께 일어나야 합니다.

[피드백]

빈칸에 알맞은 단어는 무엇입니까?

1. "내가 하늘에서 내려온 것은 내 ___을 행하려 함이 아니요 나를 보내신 이의 ___을 행하려 함이니라"(요6:38).

2. "대저 의인은 _____번 넘어질지라도 다시 일어나려니와 악인은 ___으로 말미암아 엎드러지느니라"(잠24:16).

3. "내 아버지의 ___은 아들을 보고 믿는 자마다 _____을 얻는 이것이니 마지막 날에 내가 이를 다시 살리리라 하시니라"(요6:40).

[나눔과 적용]

1. 예수님을 믿고 신뢰하는 삶을 살아가면서 영혼이 살아나는 경험을 했다면 나누어 봅시다.

2. 실패와 좌절 중에 있었을 때, 예수님의 사랑으로 회복을 경험했다면 나누어 봅시다.

3. 마음이 실족했을 때, 예수님을 의지하는 것이 얼마나 유익한지 나누어 봅시다.

4. 말씀을 통해 새롭게 깨닫게 되었거나 받은 은혜를 나누어 봅시다.

제2주
생명을 살리며 부흥하는 교회

♣ **예배 가이드** : 교회의 목적인 생명을 살리는 교회가 되기 위해 살아있는 예배를 드리며, 살아있는 말씀을 배우고, 잃어버린 영혼에게 복음을 전하는 성도가 됩시다.

■ **본문** : 마태복음 12장 9~21절

■ **찬송** : 449장, 520장

■ **요절**

"이에 그 사람에게 이르시되 손을 내밀라 하시니 그가 내밀매 다른 손과 같이 회복되어 성하더라"(마12:13)

새해가 되면 사람들은 새로운 계획을 세웁니다. 우리 하나님은 철저하게 계획하시는 분이십니다. 하나님께서 어떻게 우리의 삶을 인도하십니까?

"사람이 마음으로 자기의 길을 계획할지라도 그의 걸음을 인도하시는 이는 여호와시니라"(잠16:9).

마음으로 자기의 길을 계획한 자에게 하나님은 그 걸음을 인도하신다고 말씀하십니다. 생명을 살리며 부흥하는 성도와 교회가 되기 위해 어떻게 해야 할까요?

1. 살리는 예배가 되어야 합니다

"예수께서 이르시되 너희 중에 어떤 사람이 양 한 마리가 있어 안식일에 구덩이에 빠졌으면 끌어내지 않겠느냐"(마12:11).

지금 유대인들이 안식일에 회당에 들어오신 예수님께 안식일에 병을 고치는 것이 옳으냐 묻습니다. 병든 자를 고쳐주면 안식일의 율법을 범하는 사람이 되는 것이고, 병든 자를 고쳐주지 않으면 예수님을 무자비한 사람으로 몰아가려는 것입니다.

이때 예수님이 안식일에 구덩이에 빠진 양 한 마리의 비유를 들어 안식일에 율법을 지키는 것보다 한 영혼이라도 구원하는 것이 중요한 것임을 말씀하십니다.

"사람이 양보다 얼마나 더 귀하냐 그러므로 안식일에 선을 행하는 것이 옳으니라 하시고"(마12:12).

오늘날 우리에게 안식일은 예배하는 시간입니다. 주일만이 안식일이 아니라 예배하는 모든 시간, 모든 예배가 하나님을 예배하는 영적 안식일인 것입니다. 예배를 드리며 우리 안에 어떤 역사가 일어나야 합니까? 살아나는 역사, 살리는 역사가 일어나야 합니다. 예배 시간에 우리의 병이 고쳐지고, 예배시간에 우리 인생의 문제가 해결되고, 예배시간에 주님을 만나게 될 줄 믿습니다. 우리의 예배가 살아나는 예배, 살리는 예배가 되어야 합니다.

2. 살리는 교육이 되어야 합니다

"이에 그 사람에게 이르시되 손을 내밀라 하시니 그가 내밀매 다른 손과 같이 회복되어 성하더라"(마12:13).

예수님도 백성을 가르치셨습니다. 산상수훈의 말씀으로 하나님 나라는 무엇인지, 누가 하나님 나라에 합당한 자인지 깨닫게 하셨습니다. 예수님은 제자들을 따로 모아서 가르치셨고 말씀을 풀어서 설명하시기도 하셨고 직접 제자들의 발을 씻기시고 제자들에게 떡과 포도주를 나눠주시면서 제자도와 섬기는 삶을 가르치셨습니다.

본문의 사건은 유대인의 회당에서 일어난 일입니다. 회당은 유대인들이 율법을 가르치고 강론하는 장소입니다. 바리새인들, 서기관들, 율법학자들이 회당에서 구약의 율법을 암송하고 읽으면 글을 알지 못하는 백성들은 그저 그들의 소리를 듣기만 했습니다.

그런데 회당에 오신 예수님은 말씀을 읽는 것뿐 아니라 풀어서 가르쳐주셨습니다. 그리고 손이 마른 자를 직접 고쳐주셨습니다. 말씀이 육신이 되어 오신 예수님이 그 살아있는 능력을 보여주신 것입니다.

살아있는 교육은 변화되는 교육입니다. 살아있는 교육은 주님을 경험하는 교육입니다. 삶을 변화시키고 그리스도의 성품을 만들어 하나님 나라의 거룩한 일꾼으로 만드는 교육이 되어야 합니다.

3. 살리는 선교가 되어야 합니다

"또한 이방들이 그의 이름을 바라리라함을 이루려 하심이니라"(마12:21).

교회의 본질은 선교에 있습니다. 교회의 존재 목적이 영혼 구원에 있다는 것입니다. 교회의 모든 사역은 영혼 전도를 위한 것이고, 한 영혼이라도 그리스도께로 인도하는데 그 목적이 있습니다.

어떻게 초대교회가 수천 명씩 급성장을 하게 되고 각 도시마다 교회가 세워지게 되었습니까? 모이면 기도하고 흩어지면 전도했기 때문입니다. 교회의 부흥은 전도할 때 이루어집니다.

"상한 갈대를 꺾지 아니하며 꺼져가는 심지를 끄지 아니하기를 심판하여 이길 때까지 하리니"(마12:20).

주님이 우리에게 오신 목적은 상한 갈대 같은 인생이 꺾어지게 내버려 두지 않으시고, 꺼져가는 등불같이 소망 없는 인생불을 끄지 않으려고 오신 것입니다. 교회가 이런 역할을 감당해야 합니다. 꺾어지고 넘어진 영혼에게 다시 세우고 회복시키시는 주님을 전하고, 꺼져가는 등불같이 소망을 잃어버린 자에게 빛 되시는 주님을 알려줘야 합니다. 이것이 살리는 선교, 살리는 전도를 하는 살리는 교회인 것입니다. 주님! 우리 교회가 생명을 살리며 부흥하는 교회가 되게 하옵소서!

[피드백]

빈칸에 알맞은 단어는 무엇입니까?

1. "사람이 마음으로 자기의 ___을 계획할지라도 그의 _______을 인도하시는 이는 여호와시니라"(잠16:9).

2. "이에 그 사람에게 이르시되 ___을 내밀라 하시니 그가 내밀매 다른__과 같이 회복되어 성하더라"(마12:13).

3. "상한 ______를 꺾지 아니하며 꺼져가는 ______를 끄지 아니하기를 심판하여 이길 때까지 하리니"(마12:20).

[나눔과 적용]

1. 살리고 살아나는 예배를 하나님께 드리기 위해 무엇을 할 수 있을지 생각해 봅시다.

2. 우리의 목장과 가정에서 이뤄지는 교육이 생명을 살리고 있는지 생각해 봅시다.

3. 올 한 해 한 영혼을 주님께로 인도하기 위한 계획을 구체적으로 세워 봅시다.

4. 말씀을 통해 새롭게 깨닫게 되었거나 받은 은혜를 나누어 봅시다.

제3주
생명을 살리는 예배

♣ **예배 가이드:** 하나님이 찾으시는 예배자가 되어 영이신 하나님을 만나며, 생수의 은혜를 얻고, 신앙의 결단을 이루는 성도가 됩시다.

- **본문:** 요한복음 4장 39~42절
- **찬송:** 368장, 136장
- **요절**

"내가 주는 물을 마시는 자는 영원히 목마르지 아니하리니 내가 주는 물은 그 속에서 영생하도록 솟아나는 샘물이 되리라"(요4:14)

예배를 드릴 때 어떤 마음으로 드립니까? 예배를 얼마나 사모하고 있습니까?

"아버지께 참되게 예배하는 자들은 영과 진리로 예배할 때가 오나니 곧 이때라 아버지께서는 자기에게 이렇게 예배하는 자들을 찾으시느니라"(요 4:23).

하나님은 참되게 예배하는 자들을 찾으신다고 말씀합니다. 예배는 온전히 주님을 경배하는 시간, 영광을 올려드리는 시간이 되어야 합니다. 어떻게 해야 생명을 살리는 예배가 될 수 있을까요?

1. 생수의 예배입니다

"내가 주는 물을 마시는 자는 영원히 목마르지 아니하리니 내가 주는 물은 그 속에서 영생하도록 솟아나는 샘물이 되리라"(요4:14).

내 몸에 물이 1%만 모자라도 심한 갈증을 느끼듯 우리의 심령은 은혜가 1%가 모자라도 심한 영적 갈증을 느끼는 갈급한 심령이 되어야 합니다. 많이 가졌고 많이 배우고 많이 이루었다고 인생의 갈증의 문제가 없을까요? 아닙니다. 그러나 예수님 안에는 영원한 갈증을 해결할 능력이 있음을 믿으시기 바랍니다. 예수님이 바로 영생의 샘물이 솟아나는 우물이시기 때문에 예수님을 믿고 예수 안에 거하는 자에게는 마르지 않는 샘과 같이 은혜를 베풀어 주십니다. 살아나는 예배, 생명을 살리는 예배는 예배를 통해 생수의 근원이 되시는 주님을 만나는 생수의 예배입니다.

문제는 내 영혼이 갈급한 가운데 있어도 영적인 갈증을 느끼지 못하는 것, 내 영혼이 은혜에 헐떡이고 있음에도 내 육신의 갈증만을 찾고 있는 것이 문제입니다. 주님의 은혜를 갈망하는 자에게 주님께서는 넘치는 은혜로 채워주실 것입니다.

2. 영적인 예배입니다

"아버지께 참되게 예배하는 자들은 영과 진리로 예배할 때가 오나니 곧 이때라 아버지께서는 자기에게 이렇게 예배하는 자들을 찾으시느니라"(요 4:23).

구약시대에는 지성소 안 법궤 위에 쉐키나 하나님의 불이 임할 때 그곳이 하나님이 역사하시는 영적 예배였습니다. 오늘날 우리가 드리는 영적예배는 무엇입니까? 성령께서 임재하시는 예배, 성령이 역사하시는 예배가 바로 영적예배입니다. 우리가 예배를 드릴 때, 찬양할 때, 말씀을 들을 때, 기도할 때 성령의 역사하심을 구하는 예배가 되어야 합니다.

성령께서 하시는 일이 무엇입니까? '예수 그리스도를 주라고 고백하게 하시는 분'(고전12:3) '하나님의 자녀인 것을 깨닫게 하시는 분'(롬8:16) '그리스도에 대해 알게 하시고 말씀을 깨닫게 하시고 생각나게 하시는 분'(요14:26)입니다.

우리의 영적 예배는 하나님의 말씀으로 예배하고 그리스도의 이름으로 기도할 때 성령께서 역사하시는 예배입니다.

3. 결단의 예배입니다

"여자의 말이 내가 행한 모든 것을 그가 내게 말하였다 증언하므로 그 동네 중에 많은 사마리아인이 예수를 믿는지라"(요4:39).

예배에 반드시 필요한 것이 무엇일까요? 어떤 형식이나 전통, 순서입니까? 아닙니다. 결단입니다. 예배를 통해 참된 회개가 있어야 하고 예배를 통해 하나님께 이렇게 살겠다는 결단이 있어야 합니다.

본문에 예수님을 만난 사마리아 여인에게 변화가 있었습니다. 이제껏 사람들을 피해 살아온 이 여인 안에 담대함이 생겨 마을 사람들에게 먼저 다가가서 말을 합니다. 이 여인의 삶에 바뀐 것은 아무것도 없지만 여인의 삶의 목적이 변하면서 예수 그리스도를 자랑하는 사람이 되었습니다.

예수님을 만난 이후로 나의 삶에 많은 기적과 변화가 일어났습니까? 나 같은 사람이 주님을 만나 변화되고 하나님의 자녀가 된 것이 은혜입니다. 이제는 그 주님을 증거하는 예수의 증인으로서의 삶을 살아가야 합니다. 혹시 아직 내 안에 변화가 일어나지 않은 것 같습니까? 아직 나는 복음을 전할 준비가 되지 않은 것 같습니까? 아닙니다. 이미 주님께 받은 은혜로 충분합니다. 나가서 전하면 능력이 나타납니다. 나가서 전하면 기적은 일어나게 됩니다.

다만 내가 가진 물동이를 버려두고 마을로 내려가 사람들을 만나기까지는 용기가 필요합니다. 그러나 성령께서 함께 하심을 믿고 담대하게 복음을 전하면 반드시 그 복음을 듣고 믿는 자들이 생겨나게 될 줄 믿습니다. 그러면 우리의 예배는 생명을 살리는 예배가 되는 것입니다. 복음의 증인으로 변화되어 생명을 살리는 예배를 드리기 바랍니다.

[피드백]

빈칸에 알맞은 단어는 무엇입니까?

1. "아버지께 참되게____하는 자들은 영과 진리로 예배할 때가 오나니 곧 이때라 아버지께서는 자기에게 이렇게 ____하는 자들을 찾으시느니라"(요4:23).

2. "여자의 말이 내가 행한 모든 것을 그가 내게 말하였다 ___하므로 그 동네 중에 많은 사마리아인이 예수를 ___지라"(요4:39).

3. "예수의 말씀으로 말미암아 ____ 자가 더욱 많아"(요4:41).

[나눔과 적용]

1. 인생의 영적인 갈증을 생수되신 예수님을 만나는 예배로 해소한 경험이 있다면 나누어 봅시다.

2. 최근에 영이신 하나님께서 받으시는 예배로 충만했던 경험이 있다면 나누어 봅시다.

3. 예배를 통해 변화와 회개를 경험한 후 증인의 삶을 살게 된 계기가 있다면 나누어 봅시다.

4. 말씀을 통해 새롭게 깨닫게 되었거나 받은 은혜를 나누어 봅시다.

제4주
생명을 살리는 교육

♣ **예배 가이드:** 올바른 말씀으로 배우며, 바른 신앙 교육을 통해 하나님을 알고, 그리스도를 닮아가는 성도가 됩시다.

■ **본문:** 요한복음 8장 2~11절

■ **찬송:** 370장, 570장

■ **요절**

"대답하되 주여 없나이다 예수께서 이르시되 나도 너를 정죄하지 아니하노니 가서 다시는 죄를 범하지 말라 하시니라"(요8:11)

교육심리학자인 시키너는 인간에게 있어서 교육의 중요성에 대해 이렇게 말합니다. "인간은 미완성의 상태로 태어난다. 하지만 발전 가능성을 가지고 태어나는 것이며 그 가능성을 촉진하는 것이 교육이다."

세상의 지식에 대한 교육도 중요하지만 믿는 자들에게는 하나님에 대한 지식 교육이 가장 중요합니다. 왜냐면 인생에서 망하는 길은 하나님에 대해 제대로 알지 못하고, 하나님이 원하시는 것이 무엇인지 제대로 알지 못할 때 생기기 때문입니다.

생명을 살리는 교육이란 하나님에 대해 알고 그리스도에 대해 배우며 더 나아가 그리스도를 닮아가는 것입니다. 생명을 살리는 교육은 어떤 가르침을 말하고 있습니까?

1. 간절함이 있는 교육

"아침에 다시 성전으로 들어오시니 백성이 다 나아오는지라 앉으사 그들을 가르치시더니"(요8:2).

예수님의 말씀은 능력의 말씀입니다. 그래서 말씀을 듣는 사람 중에 절박함과 간절함이 있는 자에게는 반드시 변화가 일어납니다.

마가복음 6장에서 예수님이 고향으로 가셨을 때 예수님의 형제들과 어릴 때부터 봐왔던 사람들이 환영을 합니다. 그러나 그곳에서 예수님이 말씀을 전하실 때 아무런 능력이 나타나지 않았습니다.

"거기서는 아무 권능도 행하실 수 없어 다만 소수의 병자에게 안수하여 고치실 뿐이었고 그들이 믿지 않음을 이상히 여기셨더라 이에 모든 촌에 두루 다니시며 가르치시더라"(막6:5~6).

예수님의 능력이 사라진 것이 아닙니다. 예수님의 능력은 그대로이지만 예수님을 믿지 않는 자들, 주님에 대한 절박함과 간절함이 없던 자들에게는 아무리 예수님이 안수하셔도 능력이 나타나지 않았던 것입니다. 생명을 살리는 교육은 우리 안에 절박함, 간절함이 있어야 할 수 있습니다. 은혜에 대한 간절함, 변화에 대한 간절함이 있어야 합니다.

2. 깨달음이 있는 교육

"그들이 묻기를 마지 아니하는지라 이에 일어나 이르시되 너희 중에 죄 없는 자가 먼저 돌로 치라 하시고"(요8:7).

예수님이 가르치실 때에 서기관들과 바리새인들이 간음하다 현장에서 잡힌 여인을 데리고 왔습니다. 당시 유대인의 율법으로 간음한 자들은 남자와 여자 모두 돌로 쳐서 죽이라고 되어 있었습니다. 지금 이 상황은 예수님께 여인의 잘못을 처리해달라고 데려온 것이 아니라 예수님을 시험하기 위해 데리고 온 것입니다.

이 사건의 주제는 예수님이 간음한 여인을 용서해 주시는 것입니다. 그런데 용서는 예수님이 하시는 것입니다. 간음하는 것은 죄가 분명합니다. 그러나 같은 죄인인 너희가 이 여인의 죄를 정죄할 수 있는 자격은 없다는 것입니다.

"그들이 이 말씀을 듣고 양심에 가책을 느껴 어른으로 시작하여 젊은이까지 하나씩 나가고 오직 예수와 그 가운데 섰는 여자만 남았더라"(요8:9).

사람들이 마음에 양심의 가책을 느꼈다고 합니다. 이것이 바로 깨닫게 하시는 예수님의 가르치심인 것입니다. 양심은 하나님이 주신 것입니다. 그리고 말씀을 통해 우리의 양심으로 깨닫게 하십니다. 생명을 살리는 교육은 스스로 깨닫는 은혜가 있게 하는 것입니다. 스스로 깨닫지 못하면 실천할 수 없고 순종할 수 없습니다. 깨닫는 것이 은혜입니다. 알게 하시는 것이 하나님의 사랑입니다.

3. 변화됨이 있는 교육

"대답하되 주여 없나이다 예수께서 이르시되 나도 너를 정죄하지 아니하노니 가서 다시는 죄를 범하지 말라 하시니라"(요8:11).

여인을 정죄하던 사람들이 모두 사라지고 여인과 예수님만 남아 있습니다. 고개를 숙이고 있던 여인이 고개를 들어 주위를 살피는데 아무도 보이지 않습니다. 정죄하는 자들이 사라졌다고 여인의 죄가 용서받고 결백한 사람, 억울한 사람이 된 것은 아닙니다. 여인은 반드시 해결 받아야 하는 죄의 문제가 있습니다.

이 죄의 문제를 예수님이 해결해 주셨습니다. '나도 너를 정죄하지 아니하노니 가서 다시는 죄를 범하지 말라' 그런데 그냥 용서하시는 것이 아니라 참된 회개가 있을 때 용서함을 받는 것입니다.

변화가 무엇입니까? 회개가 무엇입니까? 과거의 모습으로, 죄의 모습으로 돌아가지 않는 것입니다. 똑같은 삶을 반복해서 살아가는 것이 아니라 내 안에 변화가 일어나야 합니다. 결단이 있어야 합니다. 생명을 살리는 교육은 가르침으로 끝나는 것이 아니라 변화된 삶을 살아가게 하는 것입니다.

[피드백]

빈칸에 알맞은 단어는 무엇입니까?

1. "아침에 다시 ___으로 들어오시니 백성이 다 나아오는지라 앉으사 그들을 ____치시더니"(요8:2).

2. "그들이 묻기를 마지 아니하는지라 이에 일어나 이르시되 너희 중에___ 없는 자가 먼저 ___ 로 치라 하시고"(요8:7).

3. "대답하되 주여 없나이다 예수께서 이르시되 나도 너를 ____하지 아니하노니 가서 다시는 ___를 범하지 말라 하시니라"(요8:11).

[나눔과 적용]

1. 우리가 신앙교육의 시간마다 하나님 알기를 간절하게 힘쓰고 있는지 생각해 봅시다.

2. 주님께서 주신 교훈을 듣고 깨닫기 위하여 우리가 무엇을 할 수 있을지 함께 나누어 봅시다.

3. 배움 가운데 성령님의 역사로 회개하고 새로운 삶을 결단한 경험이 있다면 나누어 봅시다.

4. 말씀을 통해 새롭게 깨닫게 되었거나 받은 은혜를 나누어 봅시다.

제5주
생명을 살리는 선교

♣ **예배 가이드:** 성령 충만을 받아 복음 전도의 사명을 감당하며, 많은 영혼을 그리스도께로 인도하는 성도가 됩시다.

■ **본문:** 사도행전 1장 6~11절

■ **찬송:** 191장, 520장

■ **요절**

"오직 성령이 너희에게 임하시면 너희가 권능을 받고 예루살렘과 온 유대와 사마리아와 땅 끝까지 이르러 내 증인이 되리라 하시니라"(행1:8)

선교가 무엇일까요? 교회에서 하는 여러 사역들 예배, 교육, 교제, 구제 등 많은 것들이 있는데 선교는 이런 사역들 중에 하나일까요? 아닙니다. 교회가 하는 모든 사역의 목적이 바로 선교입니다.

우리 교회가 주님의 명령을 실천하고 많은 영혼을 그리스도께로 인도하는 선교적 교회가 되어야 하고, 성도의 삶은 복음을 전하며 생명을 살리는 선교사적 삶을 살아가야 합니다. 생명을 살리는 선교는 무엇일까요?

1. 미래지향적인 선교

"그들이 모였을 때에 예수께 여쭈어 이르되 주께서 이스라엘 나라를 회복하심이 이 때니이까 하니"(행1:6).

선교는 영어로 '미션(mission)'이라고 합니다. '임무'입니다. 예수님께서 이 땅을 살아가는 그리스도인들에게 주신 최대의 명령이며 마지막 임무가 바로 선교입니다.

선교는 미래를 바라보는 자들이 할 수 있는 사명입니다. 마치 농부가 가을의 열매를 바라보며 봄날에 씨앗을 뿌리는 것 같이 오늘의 내 삶에 불가능해 보이는 임무라고 할지라도 믿음으로 복음의 씨앗을 뿌리며 사명을 감당할 때 훗날 이루실 하나님의 열매를 바라보는 것이 바로 선교인 것입니다.

지금 예수님이 승천하시기 전 제자들이 예수님께 질문을 합니다. 주님의 대답은 어떠했습니까?

"이르시되 때와 시기는 아버지께서 자기의 권한에 두셨으니 너희가 알 바 아니요"(행1:7).

우리는 당장에 그 때가 언제인지 알고 싶어하지만 그것은 하나님의 권한에 있으니 우리는 하나님은 반드시 하나님의 때에 응답하시고 하나님의 때에 역사하심을 믿으면 됩니다. 예수님은 우리가 그 날을 바라보면서 오늘 어떻게 살아야 하는지, 무엇에 열심을 내야 하는지에 대해 말씀하십니다.

"오직 성령이 너희에게 임하시면 너희가 권능을 받고 예루살렘과 온 유대와 사마리아와 땅 끝까지 이르러 내 증인이 되리라 하시니라"(행1:8).

선교는 예수님의 증인이 되는 것입니다. 앞으로 하나님이 이루실 역사를 기대하며 예수님의 증인의 삶을 사는 선교가 바로 성도의 사명입니다.

2. 지경이 넓어지는 선교

"오직 성령이 너희에게 임하시면 너희가 권능을 받고 예루살렘과 온 유대와 사마리아와 땅 끝까지 이르러 내 증인이 되리라 하시니라"(행1:8).

11명으로 시작된 예수님의 제자들이 오늘날 전 세계 모든 나라에 교회가 세워지고 선교사들이 파송되고 그리스도인이 생겨나는 엄청난 영향력을 나타내게 되었습니다. 바로 예수 그리스도의 복음이었고 선교였습니다.

무엇이 지경을 넓히는 것입니까? 내가 직접 복음을 전하고, 선교에 참여하고 선교사를 파송하고, 직장과 일터와 가정에서 선교사적 삶, 그리스도를 전하는 삶을 살아갈 때 하나님께서 우리 삶의 지경을 넓혀주실 줄 믿습니다.

그리고 내 자녀가 인생의 성공만을 바라는 것이 아니라 지경이 넓어지는 자녀로 키우기 위해서는 자녀에게 선교의 사명을 불어넣어 주어야 합니다. 그리스도의 증인이 되는 삶을 가르쳐야 합니다. 그러면 하나님이 내 자녀의 지경을 넓혀주십니다.

3. 소망을 바라보는 선교

"이르되 갈릴리 사람들아 어찌하여 서서 하늘을 쳐다보느냐 너희 가운데서 하늘로 올려지신 이 예수는 하늘로 가심을 본 그대로 오시리라 하였느니라"(행1:11).

모든 성도의 궁극적 소원과 소망은 주님이 다시 오심을 기다리는 것입니다. 다시 오실 예수님, 영원한 천국의 소망을 바라보며 살아가는 우리는 오늘을 그리스도의 증인이 되는 삶, 생명을 살리는 선교의 삶을 살아가야 합니다.

생명을 살리는 선교는 우리의 힘으로 이루어지는 것이 아닙니다. '오직 성령이 너희에게 임하시며 너희가 권능을 받고' 능력은 성령님으로부터 임하게 됩니다. 성령은 언제 임하십니까? 기도할 때 임하십니다. 모이기를 힘쓰며 예배할 때, 기도할 때 성령께서 우리 안에 임재하십니다. 성령께서 우리 안에 충만하게 임재하시면 움직이게 하십니다. 전하게 하십니다. 증거하게 하십니다.

우리의 삶이 그리스도의 증인으로 살아갈 때 하나님 나라는 더욱 가까이 우리에게 임하게 될 줄 믿습니다. 훗날 주님 앞에 설 때 천하보다 귀한 영혼을 하나님께 인도함으로 우리에게 주어질 생명의 면류관을 바라보며 소망으로 살아가기 바랍니다.

[피드백]

빈칸에 알맞은 단어는 무엇입니까?

1. "그들이 모였을 때에 예수께 여쭈어 이르되 주께서 이스라엘 나라를 _____ 하심이 이 때니이까 하니"(행1:6).

2. "이르시되 __와 _____는 아버지께서 자기의 권한에 두셨으니 너희가 알 바 아니요"(행1:7).

3. "이르되 갈릴리 사람들아 어찌하여 _____ 하늘을 쳐다보느냐 너희 가운데서 하늘로 올려지신 이 예수는 하늘로 가심을 본 ______ 오시리라 하였느니라"(행1:11).

[나눔과 적용]

1. 예수님께서 다시 오실 미래를 바라보며 우리가 감당해야 할 사명은 무엇인지 함께 나누어 봅시다.

2. 지경이 넓어지기 위해서 현재 마음에 품고 기도하는 선교지가 있는지 생각해 봅시다.

3. 다시 오실 예수님을 소망하며 현재 증인의 삶을 살고 있는지 함께 나누어 봅시다.

4. 말씀을 통해 새롭게 깨닫게 되었거나 받은 은혜를 나누어 봅시다.

제6주
삶을 변화시키는 말씀

♣ **예배 가이드:** 하나님의 감동으로 기록된 생명의 말씀을 듣고 순종하여 말씀으로 살아나는 성도가 됩시다.

■ **본문:** 누가복음 5장 1~11절

■ **찬송:** 202장, 285장

■ **요절**

"말씀을 마치시고 시몬에게 이르시되 깊은 데로 가서 그물을 내려 고기를 잡으라"(눅5:4).

요즘은 책뿐만 아니라 인터넷을 통해 지식의 홍수시대를 살아가고 있습니다. 그런데 이런 수많은 지식들이 우리의 삶에 참된 변화를 가져다 줄까요? 물론 삶을 발전하게 하고 더 나은 삶을 살아가게 할 수는 있으나 참된 진리와 축복, 영원한 생명의 비밀은 세상의 지식으로 얻을 수 있는 것이 아닙니다.

그래서 하나님은 우리에게 성경을 주셨습니다. 성경은 하나님의 감동으로 기록된 책입니다. 살아있는 하나님의 말씀입니다. 우리는 성경을 통해서 하나님을 가장 가까이 만날 수 있습니다.

1. 하나님의 말씀을 들으라

"무리가 몰려와서 하나님의 말씀을 들을새 예수는 게네사렛 호숫가에 서서"(눅5:1).

당시 이스라엘 백성들은 회당에서 율법학자들이 '모세의 의자'라고 하는 귀빈석에 앉아서 율법 즉 토라를 읽는 것만 들어야 했습니다. 백성들이 하나님의 말씀을 해석하거나 그 뜻을 아는 것은 부정한 것이라 여겼고 오직 율법학자들만 알아야 하는 특권이었습니다.

그런데 예수님이 오셔서 하나님의 말씀을 풀어서 알려주셨습니다. 예수님의 말씀을 듣다 보니 백성들 안에 변화가 일어납니다.

"하나님의 말씀은 살아있고 활력이 있어 좌우에 날선 어떤 검보다도 예리하여 혼과 영과 및 관절과 골수를 찔러 쪼개기까지 하며 또 마음의 생각과 뜻을 판단하나니"(히4:12).

하나님의 말씀을 나타내는 두 가지 단어가 있는데 '로고스'와 '레마'입니다. '로고스'는 성경에 기록된 하나님의 말씀, 즉 객관적인 말씀입니다. '레마'는 말씀을 듣는 가운데 내 영혼에 부딪혀와서 감화와 감동을 주는 말씀입니다.

"보혜사 곧 아버지께서 내 이름으로 보내실 성령 그가 너희에게 모든 것을 가르치고 내가 너희에게 말한 모든 것을 생각나게 하리라"(요14:26).

하나님의 말씀이 내 안에 역사되는 것, 그 말씀이 믿어지고 깨닫게 되는 것은 나의 노력으로 가능한 것이 아니라 성령께서 내 안에 역사될 때 나를 변화시키는 레마의 말씀이 됩니다.

2. 말씀에 순종하라

"말씀을 마치시고 시몬에게 이르시되 깊은 데로 가서 그물을 내려 고기를 잡으라"(눅5:4).

예수님은 목수셨고 베드로는 어부입니다. 당연히 어부인 베드로가 물고기 잡는 법에 대해서는 예수님보다 더 잘 알고 있습니다.

"시몬이 대답하여 이르되 선생님 우리들이 밤이 새도록 수고하였으되 잡은 것이 없지마는 말씀에 의지하여 내가 그물을 내리리이다 하고"(눅5:5).

베드로의 '말씀에 의지하여'라는 말은 자신의 생각, 경험, 판단으로 볼 때는 아닌 것 같지만 오직 주님의 말씀에 따라서 하겠다는 뜻입니다. 베드로는 예수님의 말씀에 의지하여 순종을 한 것입니다.

주님이 주시는 말씀에는 우리에게 요구하시는 순종이 있습니다. 교회에서 기도하고 계획하고 추진하는 은혜의 자리에 참여하는 것이 바로 순종의 시작입니다. 베드로가 예수님의 말씀에 순종했을 때 그물이 찢어질 정도로 물고기가 많이 잡혔습니다. 이것이 바로 말씀의 능력입니다. 하나님의 말씀에 순종하는 자는 기적을 경험하게 되고, 하나님의 말씀대로 순종하는 자에게 하나님은 오늘도 복을 주십니다.

3. 말씀으로 살아가라

"그들이 배들을 육지에 대고 모든 것을 버려두고 예수를 따르니라"(눅 5:11).

베드로를 비롯한 베드로의 형제인 안드레와 야고보와 요한은 모두 갈릴리에서 고기를 잡던 어부들이었습니다. 그런데 이들이 예수님을 만나서 이제는 사람을 낚는 위대한 사도가 되었습니다. 말씀을 듣고, 말씀에 순종하였더니 말씀으로 살아가는 삶이 된 것입니다.

우리 인생에 주님의 손길이 닿으면 나의 인생의 값이 달라집니다. 삶의 능력이 달라집니다. 실패한 인생이 변화가 일어나고 축복을 경험하게 되는 것입니다.

미국 백화점의 창시자이며 백화점 왕이라 불리는 존 워너메이커는 탁월한 판단력과 아이디어, 경영능력으로 인정받는 사람이었습니다. 그에게 지금까지 투자한 것 중에 가장 성공적인 투자는 무엇이었느냐 물었을 때 그는 이렇게 대답했습니다.

"내가 10살 때 3달러 75센트를 주고 가죽 성경 한 권을 구입했습니다. 이것이 내 인생에 있어서 가장 위대한 투자였습니다. 그 성경이 오늘의 나를 만들었으니까요"

말씀을 의지하며 살아갈 때 놀라운 하나님의 역사를 경험하게 될 줄 믿습니다.

[피드백]

빈칸에 알맞은 단어는 무엇입니까?

1. "하나님의 ____은 살아있고 활력이 있어 좌우에 날선 어떤 검보다도 예리하여 혼과 영과 및 관절과 골수를 찔러 쪼개기까지 하며 또 마음의 ______과 뜻을 _____하나니"(히4:12).

2. "보혜사 곧 아버지께서 내 이름으로 보내실 ____ 그가 너희에게 모든 것을 가르치고 내가 너희에게 말한 모든 것을 ___나게 하리라"(요14:26).

3. "그들이 배를 육지에 대고 ___것을 버려두고 예수를 ___니라"(눅5:11).

[나눔과 적용]

1. 나는 하나님의 말씀을 살아있고 생명력 있으며 심령을 변화시키는 말씀으로 듣고 있는지 생각해 봅시다.

2. 하나님의 말씀에 순종함으로 풍성한 은혜와 기적을 경험했다면 함께 나누어 봅시다.

3. 말씀을 듣고 순종하여 말씀으로 살아가고 있는지 생각해 봅시다.

4. 말씀을 통해 새롭게 깨닫게 되었거나 받은 은혜를 나누어 봅시다.

제7주
기도로 살아나라

♣ **예배 가이드:** 기도의 능력을 의지하여 모이기를 힘쓰며 기도하는 성도가 됩시다.

■ **본문:** 역대하 7장 11~18절

■ **찬송:** 361장, 369장

■ **요절**

"이제 이 곳에서 하는 기도에 내가 눈을 들고 귀를 기울이리니"(대하7:15)

성도에게 기도가 중요하다는 것을 부정하는 사람은 아무도 없습니다. 성경에 '기도'라는 단어가 365회 기록되어 있습니다. 1년은 365일이니까 성경에 365회나 기도라는 단어가 기록되었다는 것은 우리가 1년 365일 매일 기도해야 하는 것을 말씀하고 있는 것입니다.

"쉬지 말고 기도하라"(살전5:17).

'쉬지 말고'라는 말의 헬라어 원어는 '아디아레이토스'이고 그 의미가 '끊임없이, 충분하게'입니다. 기도는 끊임없이 충분할 정도로 해야 한다는 뜻입니다. 그래서 기도를 표현하는 문장에 '기도는 영적 호흡이다' '기도는 생명이다' '기도는 하나님과의 대화이다' '기도는 능력이다' 등 여러 의미로 기도의 중요성을 강조하고 있습니다. 기도는 하면 할수록 부족함을 느끼고 간절함을 느낍니다.

"아무것도 염려하지 말고 다만 모든 일에 기도와 간구로 너희 구할 것을 감사함으로 하나님께 아뢰라"(빌4:6).

본문은 솔로몬이 하나님의 성전을 건축했을 때 하나님께서 나타나서 말씀하시는 장면입니다. 원래 하나님의 성전 건축의 꿈은 솔로몬이 꾼 것이 아니라 아버지 다윗의 꿈이었습니다.

"다윗이 솔로몬에게 이르되 내 아들아 나는 내 하나님 여호와의 이름을 위하여 성전을 건축할 마음이 있었으나 여호와의 말씀이 내게 임하여 이르시되 너는 피를 심히 많이 흘렸고 크게 전쟁하였느니라 네가 내 앞에서 땅에 피를 많이 흘렸은즉 내 이름을 위하여 성전을 건축하지 못하리라"(대상 22:7~8).

또 다윗은 성전 건축을 위한 최고의 재료들도 다 준비해 놓았습니다.

"내가 환난 중에 여호와의 성전을 위하여 금 십만 달란트와 은 백만 달란트와 놋과 철을 그 무게를 달 수 없을 만큼 심히 많이 준비하였고 또 재목과 돌을 준비하였으나 너는 더할 것이며"(대상22:14).

하나님의 성전은 돈으로 짓는 것이 아닙니다. 세상의 능력으로 짓는 것도 아닙니다. 하나님의 허락하심이 있어야 하는 것입니다. 하나님이 세우신 자를 통해 성전이 세워지는 것입니다.

솔로몬이 성전을 건축한 뒤 가장 먼저 한 것이 무엇입니까? 하나님께 기도를 드렸습니다.

"솔로몬이 여호와의 제단 앞에서 이스라엘의 모든 회중과 마주 서서 그의 손을 펴니라"(대하6:12).

솔로몬이 기도한 그날 밤에 하나님께서 솔로몬에게 나타나셔서 말씀하십니다.

"밤에 여호와께서 솔로몬에게 나타나사 그에게 이르시되 내가 이미 네 기도를 듣고 이곳을 택하여 내게 제사하는 성전을 삼았으니"(대하7:12).

하나님이 우리의 기도를 들으신다는 것은 하나님이 기억하신다는 것입니다. 기억만 하십니까? 응답하시는 분이심을 믿으시기 바랍니다.

솔로몬의 기도를 들으신 하나님이 무엇을 약속하고 계십니까?

"내 이름으로 일컫는 내 백성이 그들의 악한 길에서 떠나 스스로 낮추고 기도하여 내 얼굴을 찾으면 내가 하늘에서 듣고 그들의 죄를 사하고 그들의 땅을 고칠지라"(대하7:14).

기도하면 살아날 수 있다고 약속하고 계십니다. 스스로 악한 길에서 떠나 기도하고 주님의 얼굴을 찾을 때 하나님께서 들으시고 죄를 사하시고 고쳐 주시겠다 약속하십니다.

"이제 이곳에서 하는 기도에 내가 눈을 들고 귀를 기울이리니 이는 내가 이미 이 성전을 택하고 거룩하게 하여 내 이름을 여기에 영원히 있게 하였음이라 내 눈과 내 마음이 항상 여기에 있으리라"(대하7:15~16).

교회는 어떤 곳입니까? 기도하는 집입니다. 하나님의 음성을 듣는 장소, 하나님이 역사하시는 응답의 장소입니다. 우리가 가정과 일터와 삶 속에서 기도해야 하지만 성도는 성전 즉 교회에서 기도할 때 하나님께만 집중할 수 있습니다.

왜 하나님의 마음이 성전에 계십니까? 기도하는 성도가 있기 때문입니다. 자녀가 어디에 있든 부모의 눈과 마음은 자녀에게 향해 있는 것처럼 하나님의 마음은 기도하는 성도에게, 기도하는 자들이 모인 성전에 계심을 믿기 바랍니다.

5만 번 이상 응답받은 조지 뮬러의 다섯 가지 기도의 원칙이 있습니다. '주님의 십자가 공로만 의지하라. 모든 죄악을 고백하고 멀리하라. 약속의 말씀을 확증으로 믿으라. 하나님의 뜻에 일치되게 기도하라. 끈기 있게 간구하면서 기다리라.'

"두세 사람이 내 이름으로 모인 곳에는 나도 그들 중에 있느니라"(마18:20).

기도할 때 하나님께서는 우리의 음성을 들어주십니다. 하나님은 끈기 있게 간구하며 기도하는 성도의 기도에 반드시 응답하십니다. 기도로 살아나고 기도로 살아가는 성도가 되기 바랍니다.

[피드백]

빈칸에 알맞은 단어는 무엇입니까?

1. "쉬지 말고 _____하라"(살전5:17).

2. "솔로몬이 여호와의 _____ 앞에서 이스라엘의 모든 회중과 마주 서서 그의 ___을 펴니라"(대하6:12).

3. "두 세 사람이 내 _____으로 모인 곳에는 나도 _____ 중에 있느니라"(마18:20).

[나눔과 적용]

1. 현재 나의 기도 생활은 어떤가요? 기도를 통해 어떤 변화를 경험하고 있나요?

2. 우리의 기도를 방해하는 요소는 무엇이라고 생각하나요? 어떻게 이러한 방해 요소를 극복하고 더욱 깊이 있는 기도를 할 수 있을까요?

3. 우리 목장이 함께 기도할 때 어떤 능력이 나타날까요? 서로의 기도 제목을 나누고 함께 기도하는 시간을 가져봅시다.

4. 말씀을 통해 새롭게 깨닫게 되었거나 받은 은혜를 나누어 봅시다.

제8주
말씀으로 살아나라

♣ **예배 가이드:** 능력의 말씀을 읽고 의지하며 말씀으로 살아가는 성도가 됩시다.

■ **본문:** 베드로전서 1장 23~25절

■ **찬송:** 235장, 546장

■ **요절**

"오직 주의 말씀은 세세토록 있도다 하였으니 너희에게 전한 복음이 곧 이 말씀이니라"(벧전1:25)

32세의 젊은 어거스틴은 영적인 방황에 빠져 있었습니다. 세상의 향락에 취해있었고 이단인 마니교에 심취해 있었습니다. 하지만 어떤 것으로도 자신 안에 있는 갈망을 채우지 못해서 공허함 가운데 살고 있었습니다. 어느 날 집 앞에서 놀고 있는 아이들의 노랫소리를 듣게 되는데 '톨레 레게 톨레 레게'라는 말입니다. 이는 '집어 들고 읽어라'라는 뜻입니다. 어거스틴은 문득 자신 옆에 놓여있던 성경책을 집어 들고 펼쳤는데 로마서 13장 13절 말씀이 보입니다.

"낮에와 같이 단정히 행하고 방탕하거나 술 취하지 말며 음란하거나 호색하지 말며 다투거나 시기하지 말고 오직 주 예수 그리스도로 옷 입고 정욕을 위하여 육신의 일을 도모하지 말라"(롬13:13~14).

이후 어거스틴은 위대한 신학자가 되었고 그가 쓴 '참회록'에서 이렇게 고백합니다.

"말씀이 눈에 들어왔다. 더 이상 읽어 내려 갈 생각도 없었고 또 그럴 필요도 없었다. 마지막 문장에 이르자 그 순간 확신의 빛이 내 마음 속에 홍수처럼 밀려 들어와 캄캄한 의심의 구름이 말끔히 사라져 버리는 것 같았다."

어거스틴은 말씀을 통해 주님을 만나게 되었고 회심의 역사를 경험하게 되었습니다.

하나님의 말씀에는 어떤 능력이 있습니까? 우리를 변화시키는 능력이 있음을 믿으시기 바랍니다.

"너희가 거듭난 것은 썩어질 씨로 된 것이 아니요 썩지 아니할 씨로 된 것이니 살아있고 항상 있는 하나님의 말씀으로 되었느니라"(벧전1:23).

신약에는 '말씀'을 의미하는 두 개의 헬라어 단어가 나옵니다. '로고스'와 '레마'입니다. '로고스'는 '문자, 논리, 혹은 기록된 글'이라는 의미입니다. 객관적이고 일반적인 말씀을 뜻하는 말입니다. '레마'는 '언어, 음성'이라는 의미입니다. 영적인 언어, 소통의 언어, 특별한 말씀을 뜻하는 말입니다. 하나님이 우리에게 말씀을 주셨다는 것은 이 두 가지를 포함하고 있는 것입니다.

먼저 '로고스'는 무엇입니까? 우리가 말씀을 읽고, 말씀을 대한다는 것은 문자적으로 기록된 말씀을 대하는 것 즉 우리가 가지고 있는 성경책이 바로 하나님의 말씀입니다.

성경이 우리나라 말로 처음 번역된 것은 1887년 '예수성경전서'입니다. 그전까지는 한글로 된 성경책이 없었습니다. 지금은 우리가 손쉽게 성경책을 구입하고 읽을 수 있지만 과거에는 성경이 너무나도 귀한 것이었습니다. 그리고 지금도 북한에서는 성경책을 가지고만 있어도 발각되면 총살을 당합니다. 실제로 2023년 북한인권보고서에 따르면 성경책을 소지한 지하교회 성도 5명이 공개처형을 당하고, 30명은 노동교화형, 50여 명은 강제 추방을 당했다고 합니다.

그렇다면 '레마'는 무엇입니까? '로고스'가 문자로 주신 말씀이라면 '레마'는 우리의 심령에 주시는 하나님의 음성입니다. 같은 말씀을 읽어도 하나님이 각자에게 주시는 은혜가 다릅니다. 똑같은 설교를 들어도 말씀을 통해 받는 은혜와 결단이 다릅니다. 이것이 성령께서 말씀을 통해 주시는 은혜입니다. 레마의 말씀은 변화시키는 말씀, 살아있는 말씀입니다.

누가복음 5장에 예수님께서 베드로에게 깊은 데로 가서 그물을 던지라고 말씀하셨을 때 베드로가 대답합니다.

"시몬이 대답하여 이르되 선생님 우리들이 밤이 새도록 수고하였으되 잡은 것이 없지마는 말씀에 의지하여 내가 그물을 내리리이다 하고"(눅5:5).

여기에서 '말씀'을 헬라어로 '레마'라고 기록하고 있습니다. 자신에게 주신 하나님의 말씀을 의지하여 그물을 내리게 될 때 어떤 역사가 일어났습니까? 그물이 찢어지게 고기를 잡게 되었습니다.

"그러므로 모든 육체는 풀과 같고 그 모든 영광은 풀의 꽃과 같으니 풀은 마르고 꽃은 떨어지되 오직 주의 말씀은 세세토록 있도다 하였으니 너희에게 전한 복음이 곧 이 말씀이니라"(벧전1:24~25).

세상의 모든 것이 사라지고 모든 것이 다 떨어진다 해도 절대로 변하지 않는 것은 하나님의 말씀이고, 하나님의 말씀은 영원합니다. 이 말씀은 과거에도 계셨고, 지금도 계시고, 앞으로 주님 오시는 그 날까지 우리가 붙잡고 살아야 할 생명의 말씀인 것입니다.

놀라운 것은 하나님은 지금도 우리에게 말씀하고 계신다는 것입니다. 그리고 우리가 받은 말씀은 우리를 살리는 말씀입니다. 우리가 예수님을 영접하게 된 것은 주님의 말씀으로 영접한 것입니다. 그리고 그 말씀이 육신이 되어 우리에게 오셨는데 그 분이 예수 그리스도이십니다.

하나님의 말씀을 사모하기 바랍니다. 하나님의 말씀을 듣기 위해 열심히 귀를 기울이기 바랍니다. 우리의 삶에 들리는 여러 가지 소리들이 있습니다. 부정적인 소리, 낙심의 소리, 마음을 힘들게 하는 소리들이 들릴 때는 하나님의 말씀을 의지하며 이겨내는 것입니다. 승리하는 것입니다. 하나님의 말씀으로 살아나는 성도가 되기 바랍니다.

[피드백]

빈칸에 알맞은 단어는 무엇입니까?

1. "너희가 ______ 것은 썩어질 씨로 된 것이 아니요 썩지 아니할 씨로 된 것이니 살아있고 항상 있는 하나님의 _____으로 되었느니라"(벧전1:23).

2. "시몬이 대답하여 이르되 선생님 우리들이 밤이 새도록 _____하였으되 잡은 것이 없지마는 말씀에 _____하여 내가 그물을 내리리이다 하고"(눅5:5).

3. "그러므로 모든 _____는 풀과 같고 그 모든 _____은 풀의 꽃과 같으니 풀은 마르고 꽃은 떨어지되"(벧전1:24).

[나눔과 적용]

1. 나는 얼마나 꾸준히 말씀을 묵상하고 있나요? 말씀을 통해 어떤 위로와 힘을 얻고 있나요?

2. 말씀이 우리의 삶을 변화시키는 힘은 어디에서 나온다고 생각하나요?

3. 나는 말씀과 어떤 관계를 맺고 있나요? 더욱 깊은 관계를 맺기 위해 어떤 노력을 해야 할까요?

4. 말씀을 통해 새롭게 깨닫게 되었거나 받은 은혜를 나누어 봅시다.

제9주
능력으로 살아나라

♣ **예배 가이드:** 은사를 주신 목적을 찾고, 부르심을 받은 대로 순종하며 살아가는 성도가 됩시다.

■ **본문:** 디모데후서 1장 6~10절

■ **찬송:** 197장, 405장

■ **요절**

"그러므로 내가 나의 안수함으로 네 속에 있는 하나님의 은사를 다시 불일듯 하게 하기 위하여 너로 생각하게 하노니"(딤후1:6)

독일의 심리학자인 롤프 메르클레 라는 사람이 이런 말을 했습니다. "천재는 노력하는 사람을 이길 수 없고, 노력하는 사람은 즐기는 사람을 이길 수 없다"

수학능력시험에서 만점을 맞은 학생이 기자와의 인터뷰에서 어떻게 수능에서 만점을 받았느냐는 질문에 공부하는 게 제일 쉬웠다고, 교과서 중심으로 공부했더니 만점을 받았다고 말했습니다.

어떻게 공부하는 게 가장 쉽다고 말할 수 있을까요? 그만큼 공부를 즐기면서 했다는 것입니다. 억지로 하는 것만큼 에너지를 낭비하고 고통스러운 것은 없습니다. 그런데 즐기면서 하는 사람은 아무리 힘든 일이라 할지라도 기쁨으로 그 일을 감당한다는 것입니다.

본문은 사도 바울이 자신의 영적 아들 디모데에게 하는 말입니다.

"그러므로 내가 나의 안수함으로 네 속에 있는 하나님의 은사를 다시 불일듯 하게 하기 위하여 너로 생각하게 하노니"(딤후1:6).

'은사'는 원어로 '카리스마'라고 하고 영어로 'the gift of God' 즉 하나님으로부터 받은 선물입니다. 원래 '카리스'라는 말은 '은혜'라는 뜻이기에 '-마'를 붙여서 은혜로 주신 선물이라는 것입니다. 하나님이 우리에게 주신 가장 큰 은혜의 선물은 무엇입니까? 예수 그리스도로 말미암아 구원을 선물로 주신 것입니다.

"너희는 그 은혜에 의하여 믿음으로 말미암아 구원을 받았으니 이것은 너희에게서 난 것이 아니요 하나님의 선물이라"(엡2:8).

우리 안에 불일듯 일으켜야 하는 첫 번째 능력은 구원의 능력, 부활의 능력입니다. 성도는 이 땅에서 살지만 세상을 의지하거나 세상만 바라보고 사는 것이 아닙니다. 영원한 천국을 바라보고 천국의 소망을 가지고 살아야 합니다.

"우리 주 예수 그리스도의 아버지 하나님을 찬송하리로다 그의 많으신 긍휼대로 예수 그리스도를 죽은 자 가운데서 부활하게 하심으로 말미암아 우리를 거듭나게 하사 산 소망이 있게 하시며"(벧전1:3).

'산 소망(living hope)'이 무엇입니까? 예수 그리스도의 부활하심이라는 것입니다. 우리 성도에게 영원한 천국의 산 소망을 주셨음을 믿기 바랍니다.

또 우리 안에 불일듯 일어나야 할 것이 무엇입니까? 하나님이 우리 각자에게 주신 은사입니다. 고린도전서 12장에 보면 성령이 주시는 9가지 은사들이 나옵니다. 말씀, 지식, 믿음, 신유, 기적, 예언, 영 분별, 방언, 통변 이런 것들은 성령이 우리 안에 임할 때 교회를 세우기 위해서 주시는 은사들입니다. 그런데 이 9가지만 은사일까요? 아닙니다.

"각 사람에게 성령을 나타내심은 유익하게 하려 하심이라"(고전12:7).

교회 안에는 여러 가지 은사를 가진 성도님들이 많이 계십니다. 찬양으로, 반주로, 성가대로, 교사로, 목자로, 안내로, 청소로, 식사로 섬기며 또 어떤 분은 손재주가 좋아서 여러 가지 장식을 잘하는 분도 계시고, 전도의 은사가 있어서 사람들을 만나면 담대하게 복음을 전하시는 분도 계시고, 그저 묵묵하게 교회에 보이지 않는 곳에서 섬기는 분도 계십니다. 이런 모든 것이 다 은사이고, 하나님이 주신 능력입니다.

"하나님이 우리에게 주신 것은 두려워하는 마음이 아니요 오직 능력과 사랑과 절제하는 마음이니"(딤후1:7).

하나님이 우리에게 능력을 주시고 은사를 주신 목적이 무엇입니까? 두려워하지 말고, 사랑과 절제로 하나님이 주신 사명을 감당하라는 것입니다.

하나님의 능력으로 행해야 하는 두 가지가 나옵니다. 사랑과 절제입니다. 사랑은 밖으로 하는 것으로 자신이 아닌 남을 사랑하고 섬기는 것입니다. 절제는 안으로 하는 것으로 하나님이 주시는 능력으로 나를 절제하는 것입니다.

은사가 불일듯 일어나는데 사랑이 없다면 나의 넘치는 열정으로 남에게 상처를 주고, 나에게 일어나는 불로 다른 사람을 데이게 만들어 버립니다. 그것은 올바른 은사 사용, 하나님의 사역이 아닙니다. 그래서 항상 우리 안에 그리스도의 마음으로 사랑이 있어야 합니다.

절제는 성령의 절제를 받는 것입니다. 가장 비싼 경주마는 잘 달리는 말이 아니라 잘 멈추는 말입니다. 잘 달리는 것만큼이나 중요한 것이 잘 멈출 줄 아는 것과 올바른 방향으로 나아가는 것입니다.

"이제는 우리 구주 그리스도 예수의 나타나심으로 말미암아 나타났으니 그는 사망을 폐하시고 복음으로써 생명과 썩지 아니할 것을 드러내신지라"(딤후1:10).

예수님이 사망에서 승리하셨기에 우리도 승리할 수 있습니다. 주님의 능력이 우리의 능력이 되는 것입니다. 예수님의 승리가 우리의 승리가 되는 것입니다. 주님의 능력을 의지하며 능력으로 살아나는 성도가 되기 바랍니다.

[피드백]

빈칸에 알맞은 단어는 무엇입니까?

1. “너희는 그 _____에 의하여 믿음으로 말미암아 구원을 받았으니 이것은 너희에게서 난 것이 아니요 하나님의 ____이라”(엡2:8).

2. “각 사람에게 ____을 나타내심은 ____하게 하려 하심이라”(고전12:7).

3. “이제는 우리 구주 그리스도 예수의 나타나심으로 말미암아 나타났으니 그는 ____을 폐하시고 ____으로써 생명과 썩지 아니할 것을 드러내신지라”(딤후1:10).

[나눔과 적용]

1. 나는 어떤 은사를 가지고 있다고 생각하나요? 그 은사를 통해 어떻게 하나님께 영광을 돌릴 수 있을까요?

2. 나는 어떤 것에 대해 두려움을 느끼고 있나요? 하나님의 능력을 의지하여 이 두려움을 극복하기 위해 어떤 노력을 할 수 있을까요?

3. 은사를 잘못 사용하면 어떤 문제가 발생할 수 있을까요? 은사를 올바르게 사용하기 위해 어떤 자세가 필요할까요?

4. 말씀을 통해 새롭게 깨닫게 되었거나 받은 은혜를 나누어 봅시다.

[사순절]

제10주
구원하시는 은혜

♣ 예배 가이드: 우리에게 베푸신 하나님의 은혜가 무엇인지 깨닫고, 그 은혜로 살아가는 성도가 됩시다.

■ **본문**: 디도서 2장 11~14절

■ **찬송**: 86장, 292장

■ **요절**

"그가 우리를 대신하여 자신을 주심은 모든 불법에서 우리를 속량하시고 우리를 깨끗하게 하사 선한 일을 열심히 하는 자기 백성이 되게 하려 하심이라" (딛 2:14)

오늘을 살아가는 우리 그리스도인들에게 가장 필요한 것이 무엇일까요? 바로 은혜입니다. 축복보다 중요하고 기도에 응답받는 것보다 중요한 것이 은혜입니다. 왜냐하면 은혜가 있어야 하나님의 복도 우리에게 임하는 것이고, 우리의 기도도 응답받을 수 있기 때문입니다.

은혜는 내가 예수님을 믿고 구원받는 순간에만 필요한 것이 아니라 우리 삶의 모든 순간마다 필요함을 믿으시기 바랍니다. 은혜로 모든 것이 시작되었다면 마지막도 은혜로 끝나야 합니다.

하나님의 은혜는 어떤 은혜입니까?

1. 모든 사람에게 베풀어 주신 은혜입니다

참된 은혜는 아무런 조건이 없어야 합니다. 만약에 은혜를 베푸는데 조건을 달게 된다면 그때부터 그것은 은혜가 아니라 대가가 되어

버립니다.

"모든 사람에게 구원을 주시는 하나님의 은혜가 나타나"(딛2:11).

예수 그리스도의 십자가로 말미암아 시대와 장소와 공간과 성별과 나이를 떠나 모든 사람에게 하나님은 은혜로 구원을 주셨습니다. 그래서 이 은혜를 우리는 '값없이 주시는 은혜'라고 고백합니다.

"그리스도 예수 안에 있는 속량으로 말미암아 하나님의 은혜로 값없이 의롭다 하심을 얻은 자 되었느니라"(롬3:24).

세상에서 가장 귀한 것은 가치를 매길 수 없습니다. 왜냐면 비교 불가하기 때문입니다. 어떤 그림이 가치를 매길 수 없는 그림이라고 한다면 그것은 비교대상이 없어 가치를 매길 수 없는 작품이기 때문입니다. 구원이 왜 모든 사람에게 베풀어 주시는 하나님의 은혜입니까? 세상의 어떤 사람이라도 그 구원을 스스로 얻을 수 있는 사람이 없기 때문입니다. 하나님의 은혜가 아니면 그 무엇을 지불해도 얻을 수 없는 것이 바로 구원이라는 사실입니다. 우리는 이 구원을 은혜로 받은 자임을 기억하시기 바랍니다. 우리가 날마다 주님께 감사할 수밖에 없는 이유가 무엇입니까? 구원을 은혜로 주셨기 때문입니다.

2. 양육하시는 은혜입니다

"우리를 양육하시되 경건하지 않은 것과 이 세상 정욕을 다 버리고 신중함과 의로움과 경건함으로 이 세상에 살고"(딛2:12).

'양육하다'는 말의 원어는 '파이디온'으로 '교육하다, 가르치다, 기르다'의 의미입니다. 하나님은 구원이라는 선물 하나만 우리에게 주시고 끝나시는 것이 아니라 구원받은 성도들을 책임지시고 가르치시고 인도하십니다.

본문 12절과 13절에 두 가지로 양육하심을 말씀하고 있습니다. 거룩함으로 이 세상을 살아가게 하시는 것과 그리스도의 영광의 소망으로 살아가게 하시는 것입니다. 이 모습은 이스라엘 백성들을 출애굽시키신 모습에서 볼 수 있습니다. 애굽 왕 바로의 통치를 벗어나게 출애굽시키시고, 그때부터 하나님의 백성으로 하나님의 양육을 받게 하시며, 만나와 메추라기를 주시고, 반석에서 물을 내시며, 구름기둥과 불기둥으로 인도하시고, 십계명을 통해 하나님의 거룩한 백성으로 살게 하셨습니다. 그리고 하나님의 약속하신 땅 가나안을 소망하며 나아가게 하셨습니다. 이스라엘을 이렇게 양육하신 하나님이 오늘 우리들도 양육하고 계심을 믿으시기 바랍니다.

3. 하나님의 백성이 되게 하신 은혜입니다

"그가 우리를 대신하여 자신을 주심은 모든 불법에서 우리를 속량하시고 우리를 깨끗하게 하사 선한 일을 열심히 하는 자기 백성이 되게 하려 하심이라"(딛2:14).

구원하시는 하나님의 은혜의 완성은 우리의 신분을 하나님의 백성이 되게 하셨다는 것입니다. 하나님 나라의 백성의 특권은 절대로 추방당하지 않는다는 것입니다. 한번 하나님 나라의 백성이 되면 영원히 그 백성으로 살아가는 것입니다.

그런데 하나님 나라의 백성은 자격시험이나 면접을 봐서 되는 것이 아닙니다. '모든 불법에서 우리를 속량하시고' 즉 모든 죄에 대해서 우리를 대신해 대가를 지불하셨다는 것입니다. 죄는 그냥 지워지지 않습니다. 대가를 지불해야 없어집니다. 주님의 십자가가 없다면 우리의 죄는 절대 용서함을 받을 수 없습니다.

예수님의 속량하심으로 우리가 깨끗하게 되었기에 우리가 해야 할 것은 무엇입니까? '선한 일을 열심히 하는 자기 백성'이 되어야 합니다. 죄 가운데 매이지 말고 세상의 정욕을 좇지 말고 하나님의 선한 일에 열심을 내야 합니다. 하나님의 은혜로 살고 있음을 잊지 말고 감사함으로 사시기 바랍니다.

[피드백]

빈칸에 알맞은 단어는 무엇입니까?

1. "모든 사람에게 ____을 주시는 하나님의 ____가 나타나"(딛2:11).

2. "그리스도 예수 안에 있는 _____으로 말미암아 하나님의 은혜로 값없이 _______하심을 얻은 자 되었느니라"(롬3:24).

3. "그가 우리를 대신하여 _____을 주심은 모든 불법에서 우리를 속량하시고 우리를 깨끗하게 하사 ____ 일을 열심히 하는 자기 백성이 되게 하려 하심이라"(딛2:14).

[나눔과 적용]

1. 대가를 지불할 수 없는 구원의 은혜를 받은 경험에 대하여 함께 나누어 봅시다.

2. 살면서 가르치고 인도하시는 하나님의 양육의 은혜를 경험하고 있다면 함께 나누어 봅시다.

3. 하나님의 백성으로서 그리스도의 복음과 교회를 위해 선한 일에 열심을 내는지 생각해 봅시다.

4. 말씀을 통해 새롭게 깨닫게 되었거나 받은 은혜를 나누어 봅시다.

제11주

은혜로 살아나라

♣ **예배 가이드:** 조건 없이 베푸신 구원의 은혜에 감사하며 은혜를 입은 자로 복음을 전하며 사는 성도가 됩시다.

■ **본문:** 빌립보서 4장 10~20절

■ **찬송:** 64장, 408장

■ **요절**

"내게 능력 주시는 자 안에서 내가 모든 것을 할 수 있느니라"(빌4:13)

은혜가 무엇일까요? 신학자 토마스 오든은 은혜에 대해 이렇게 말합니다.

"은혜가 있어야만 진리를 알고, 죄를 피하고, 바르게 행동하고, 제대로 기도하고, 구원을 갈망하고, 신앙생활을 시작하고 믿음을 지킬 수 있다."

다시 말해 은혜는 모든 그리스도인의 삶의 원동력이라는 것입니다.

죄인인 인간을 구원하기 위해 하나님은 우리에게 구원의 은혜를 허락해 주셨습니다. 구원이 왜 은혜입니까? 받을 자격이 없는 자에게 베풀어주셨기 때문입니다.

사울이 예수님을 믿는 자들을 잡으러 가는 길에 다메섹에서 예수님을 만나게 됩니다.

"땅에 엎드러져 들으매 소리가 있어 이르시되 사울아 사울아 네가 어찌하여 나를 박해하느냐 하시거늘"(행9:4).

예수님께서 광명한 빛으로 사울에게 나타나셨습니다. 그리고 그에게 말씀하십니다 '네가 어찌하여 나를 박해하느냐?' 사울은 주님의 음성을 듣게 되고 회심을 경험하게 됩니다. 예수님을 믿는 자들을 죽였던 사울은 하나님의 심판을 받을만한 죄인이었지만 하나님은 그에게 살 길을 열어주셨습니다. 사울이었던 그를 바울로 만들어 주신 것이 바로 하나님의 은혜입니다. 그래서 사도 바울은 고백합니다.

"그러나 내가 나 된 것은 하나님의 은혜로 된 것이니 내게 주신 그의 은혜가 헛되지 아니하여 내가 모든 사도보다 더 많이 수고하였으나 내가 한 것이 아니요 오직 나와 함께 하신 하나님의 은혜로라"(고전15:10).

본문에서 사도 바울은 빌립보 교회를 향하여 말씀하고 있습니다. 지금 바울은 감옥 안에 갇혀있고 빌립보 교회의 성도들이 힘을 모으고 헌금을 모아서 바울을 위해 협력하고 있습니다.

"내가 주 안에서 크게 기뻐함은 너희가 나를 생각하던 것이 이제 다시 싹이 남이니 너희가 또한 이를 위하여 생각은 하였으나 기회가 없었느니라"(빌4:10).

감옥에 있는 바울이 크게 기뻐할 수 있었던 것은 빌립보 교회를 통해 역사하시는 하나님의 은혜를 깨닫게 되었기 때문입니다. 자신이 갇혀있어도 하나님은 여전히 일하고 계시고 사람을 통해 일하시고 환경을 통해 역사하시는 하나님을 경험하니 크게 기뻐할 수 있었던 것입니다.

은혜는 조건에 따라 주어지는 것이 아닙니다. 은혜로운 상황, 은혜로운 예배가 있는 것이 아니라 내 안에 하나님의 은혜가 있다면 모든 것에 감사하고 모든 것에 기뻐할 수 있는 것입니다. 이것을 모르는 사람들은 은혜를 쫓아다니며 은혜 있는 자리를 구하게 됩니다. 그러나 그곳에 은혜가 있는 것이 아니라 내 안에 은혜가 있어야 하는 것입니다. 은혜가 있는 사람은 어느 곳에 가서도, 어떤 말씀을 들어도 은혜를 받습니다.

"내가 궁핍하므로 말하는 것이 아니니라 어떠한 형편에든지 나는 자족하기를 배웠노니 나는 비천에 처할 줄도 알고 풍부에 처할 줄도 알아 모든 일곧 배부름과 배고픔과 풍부와 궁핍에도 처할 줄 아는 일체의 비결을 배웠노라"(빌4:11~12).

여기에서 중요한 것이 '처할 줄 아는 비결을 배웠다'는 것입니다. 어떤 상황을 만난다 할지라도 그것에 당황하고 염려하고 걱정하는 것이 아니라 대처하고 받아들일 줄 아는 능력을 배워야 합니다. 사도 바울도 처음부터 이것을 안 것이 아니라 하나님의 은혜를 경험하다 보니 비로소 그 은혜로 살아간다는 것을 배우게 되었다는 것입니다. 은혜도 배워야 하는 것입니다. 하나님의 은혜를 배우기 위해서는 여러 가지 상황을 경험해 봐야 합니다.

"내게 능력 주시는 자 안에서 내가 모든 것을 할 수 있느니라"(빌4:13).

은혜로 사는 사람은 어떤 사람입니까? 내게 능력을 주시는 하나님의 은혜로 살아가는 사람입니다. 그러면 모든 것을 할 수 있습니다. 하나님의 은혜가 나를 붙잡고 있기 때문에 살아도 주를 위해 죽어도 주를 위해 죽을 수 있습니다.

"나의 하나님이 그리스도 예수 안에서 영광 가운데 그 풍성한 대로 너희 모든 쓸 것을 채우시리라"(빌4:19).

우리는 무엇으로 사는 것입니까? 물질이나 능력으로 사는 것이 아닙니다. 은혜로 살아가는 것입니다. 은혜로 먹고 사는 것입니다. 은혜로 사는 자는 하나님께서 반드시 책임지심을 믿으시기 바랍니다. 은혜 위에 은혜로 채워주시는 주님의 능력으로 살아가기 바랍니다.

[피드백]

빈칸에 알맞은 단어는 무엇입니까?

1. "땅에 엎드러져 들으매 ____가 있어 이르시되 사울아 사울아 네가 어찌 하여 나를 ____하느냐 하시거늘"(행9:4).

2. "내가 주 안에서 크게 _____함은 너희가 나를 생각하던 것이 이제 다시 싹이 남이니 너희가 또한 이를 위하여 생각은 하였으나 ____가 없었느니라"(빌4:10).

3. "나의 하나님이 그리스도 예수 안에서 ____가운데 그 풍성한 대로 너희 모든 쓸 것을 ____시리라"(빌4:19).

[나눔과 적용]

1. 내 삶 속에서 경험한 가장 큰 은혜는 무엇이라고 생각하나요? 그 은혜를 통해 어떻게 변화되었나요?

2. 어떤 상황에서도 감사하며 자족하는 삶을 살기 위해 어떤 노력을 하고 있나요?

3. 어려운 상황 속에서 감사하는 마음을 유지하기 어려울 때가 있습니다. 어떻게 감사하는 마음을 잃지 않고 살아갈 수 있을까요?

4. 말씀을 통해 새롭게 깨닫게 되었거나 받은 은혜를 나누어 봅시다.

제12주
내 영혼아 살아나라

♣ **예배 가이드:** 육신을 따르는 자가 아닌 성령님을 따르는 영적인 자로 살아가는 성도가 됩시다.

■ **본문:** 로마서 8장 5~11절

■ **찬송:** 79장, 490장

■ **요절**

"육신의 생각은 사망이요 영의 생각은 생명과 평안이니라"(롬8:6)

하나님께서 아담을 창조하셨을 때 흙으로 창조하시고 그 속에 생기를 불어 넣으셨습니다. 사람은 흙으로 만들어졌기에 죽으면 흙으로 돌아가지만 흙으로 끝나버리는 것은 아닙니다. 사람 안에는 무엇이 있습니까? 영혼이 있습니다. 영혼이 없다면 사람은 죽어있는 것입니다. 아무리 팔다리가 움직이고, 생각하고, 숨 쉬고 살아간다 해도 그 안에 하나님의 생기가 없다면 죽은 영으로 살고 있는 존재입니다.

"육신을 따르는 자는 육신의 일을, 영을 따르는 자는 영의 일을 생각하나니"(롬8:5).

'육신의 일을 생각한다'를 영어 성경에서 'set their minds on the things of the flesh'라고 하고 직역하면 '그들의 마인드가 육신이 하는 것에 맞추어져 있다'입니다.

사람의 마인드가 중요하다고 말합니다. 'mind set(마인드 셋)'이라고 해서 '사고방식, 마음가짐'이 바로 되어 있어야 발전할 수 있고, 변화될 수 있다고 합니다.

육신을 좇아 살아가는 사람은 그의 마인드가 육신에 있습니다. 육신이 원하는 것, 육신이 바라는 것, 육신이 즐거워하는 것에 모든 마인드가 맞추어져 있다는 것입니다. 그래서 육신을 좇아 살아가는 것입니다.

그러나 우리의 영혼이 살아나기 위해서는 우리의 마인드를 영적인 것에 맞추어야 합니다. '영의 일을 생각한다'를 영어 성경에서는 'set their minds on the things of the Spirit' 즉 '그들의 마인드를 영적인 것에 맞춘다'는 것입니다. 이것은 성령께서 함께 하실 때 가능한 것입니다. 성령은 보이지는 않지만 분명히 역사하시는 분이십니다. 영적인 것을 생각하고, 영적인 것을 구하고, 영적인 것을 사모하기 바랍니다.

"육신의 생각은 사망이요 영의 생각은 생명과 평안이니라"(롬8:6).

육신을 따라가게 되면 무엇이 문제입니까? 그것이 사망으로 이어진다는 것입니다. 그러나 영의 생각은 생명과 평안입니다. 영적인 사람은 생명을 좇아 살아갑니다. 생명을 얻고, 생명을 살리고, 생명을 구하는 것을 좇아 살아가는 사람입니다. 이런 영적인 자에게 하나님은 평안을 주십니다.

"육신의 생각은 하나님과 원수가 되나니 이는 하나님의 법에 굴복하지 아니할 뿐 아니라 할 수도 없음이라"(롬8:7).

나라의 법을 따르지 않고 위법을 행하는 자는 그 나라와 원수가 되는 것입니다. 그리고 원수가 되면 그 나라에 들어갈 수 없습니다. 아담과 하와가 에덴에서 죄를 지었습니다. 하나님의 법을 어기게 되었고 죄인이 된 그들은 더 이상 하나님의 나라에서 살 수가 없어 에덴에서 추방당하게 되었습니다. 그리고 아담은 땀을 흘리는 노동을 해야 하고, 하와는 해산의 고통을 가져야만 했습니다.

그런데 이러한 자들에게 구원의 복된 소식이 선포되었습니다. 예수님이 이 땅에 오심으로 첫 번째 아담은 죄를 지어 실패했지만, 두 번째 아담으로 오신 예수님은 십자가에 달려 죽으심으로 우리에게 구원의 길을 열어주셨습니다.

"만일 너희 속에 하나님의 영이 거하시면 너희가 육신에 있지 아니하고 영에 있나니 누구든지 그리스도의 영이 없으면 그리스도의 사람이 아니라"(롬8:9).

어떻게 그리스도인이라는 것을 증명할 수 있습니까? 성령님의 인도하심을 받고, 성령님 안에 거하는 자가 참된 그리스도인입니다.

"또 그리스도께서 너희 안에 계시면 몸은 죄로 말미암아 죽은 것이나 영은 의로 말미암아 살아 있는 것이니라"(롬8:10).

우리의 육신은 육을 따라갈 수밖에 없습니다. 그러나 그리스도께서 내 안에 있는 사람은 육신의 지배로 살아가는 것이 아니라 영으로 살아가는 것입니다. 우리의 영혼이 어떻게 해야 살아날 수 있습니까?

"예수를 죽은 자 가운데서 살리신 이의 영이 너희 안에 거하시면 그리스도 예수를 죽은 자 가운데서 살리신 이가 너희 안에 거하시는 그의 영으로 말미암아 너희 죽을 몸도 살리시리라"(롬8:11).

우리의 영혼이 살아나는 방법은 성령이 우리 안에 거하실 때 살아나는 것입니다. 성령의 능력이 우리 안에 있으면 하나님께서 우리를 도우십니다. 성령께서 다시 살게 하십니다. 비록 우리의 육신이 후퇴한다 해도 우리의 영혼은 날로 새로워서 영원한 천국의 소망을 이루게 하실 것을 믿으십시오.

[피드백]

빈칸에 알맞은 단어는 무엇입니까?

1. "육신을 따르는 자는 ____의 일을 영을 따르는 자는 __의 일을 생각하나니"(롬8:5).

2. "육신의 생각은 하나님과 _____가 되나니 이는 하나님의 __에 굴복하지 아니할 뿐 아니라 할 수도 없음이라"(롬8:7).

3. "또 그리스도께서 ____ 안에 계시면 몸은 죄로 말미암아 죽은 것이나 영은 의로 말미암아 ____ 있는 것이니라"(롬8:10).

[나눔과 적용]

1. 현재 나의 삶의 중심은 무엇인가요? 육신의 만족을 추구하고 있나요 아니면 영적인 성장을 위해 노력하고 있나요?

2. 나의 삶 속에서 성령님의 역사를 어떻게 경험하고 있나요? 성령님의 인도하심을 더욱 구체적으로 경험하기 위해 어떤 노력을 해야 할까요?

3. 육신의 욕구와 영적인 소망 사이에서 갈등을 느낄 때가 있나요? 이러한 갈등을 어떻게 해결할 수 있을까요?

4. 말씀을 통해 새롭게 깨닫게 되었거나 받은 은혜를 나누어 봅시다.

제13주
용서하시는 은혜

♣ **예배 가이드:** 우리의 모든 죄를 용서하시고 새롭게 하신 은혜를 깨달아 용서를 실천하며 살아가는 성도가 됩시다.

■ **본문:** 로마서 5장 12~21절

■ **찬송:** 32장, 252장

■ **요절**

"한 사람의 범죄로 말미암아 사망이 그 한 사람을 통하여 왕 노릇 하였은즉 더욱 은혜와 의의 선물을 넘치게 받는 자들은 한 분 예수 그리스도를 통하여 생명 안에서 왕 노릇 하리로다"(롬5:17)

미국의 심리학자인 칼 메닝거는 "만일 정신병 환자들에게 당신의 모든 죄가 용서되었다는 사실만 알게 해도 환자의 75%는 다음 날로 병원을 떠날 것이다"라고 말했습니다.

우리나라에만 있는 병이 화병입니다. 대개 화병을 안고 살아가는 분들은 가슴이 답답하고 억울한 마음을 삭히지 못해 체하기도 하고 불면증, 우울증, 강박증에 시달립니다. 화병의 원인이 무엇일까요? 바로 용서에 있습니다. 용서할 수 없기 때문에 화병이 나고, 용서받을 수 없기 때문에 화병이 난다는 것입니다.

그래서 용서에 반드시 필요한 것이 은혜입니다. 은혜로 우리는 용서할 수 있고, 그 은혜로 말미암아 용서받을 수 있습니다.

용서하시는 은혜는 어떤 은혜입니까?

1. 모든 사람의 죄를 용서하시는 은혜입니다

"그러므로 한 사람으로 말미암아 죄가 세상에 들어오고 죄로 말미암아 사망이 들어왔나니 이와 같이 모든 사람이 죄를 지었으므로 사망이 모든 사람에게 이르렀느니라"(롬5:12).

창세기 2장에 하나님이 천지를 창조하시고 아담과 하와를 만드셨습니다. 그리고 에덴동산에 있는 모든 실과를 먹을 수 있지만 선악을 알게하는 나무의 열매는 절대 먹지 말라고 하십니다. 하지만 뱀의 유혹에 넘어간 하와가 그 열매를 먹고 아담에게도 주어 먹게 합니다.

아담 한 사람의 죄가 그에게서 끝난 것이 아니라 그가 우리를 대표하고 있기에 모든 사람에게 죄가 들어오게 되었습니다. 그 죄의 대가가 사망입니다. 이것은 우리 육신의 사망뿐만 아니라 영혼의 사망까지 이르는 것입니다. 결국 모든 인간은 죄로 인하여 멸망하게 되었습니다.

이런 모든 인간에게 용서가 선포되었습니다. 이것이 바로 하나님의 놀라운 은혜임을 믿으시기 바랍니다. 하나님의 용서는 제한이 없으십니다. 선택된 사람들만 용서해 주시는 것이 아닙니다. 누구든지 예수 그리스도를 믿는 자는 죄를 용서해 주심을 믿으시기 바랍니다.

2. 죄인을 의인 되게 하시는 은혜입니다

"한 사람의 범죄로 말미암아 사망이 그 한 사람을 통하여 왕 노릇 하였은즉 더욱 은혜와 의의 선물을 넘치게 받는 자들은 한 분 예수 그리스도를 통하여 생명 안에서 왕 노릇하리로다"(롬5:17).

'왕 노릇'이란 '통치하다, 다스리다'의 뜻입니다. 사망이 우리의 왕이 되고 우리는 사망에 다스림을 받는 자가 되었다는 것입니다. 결국 이 땅의 모든 수고와 모든 열심과 모든 노력이 결국 사망으로 끝나는 것입니다.

그러나 하나님은 우리에게 용서의 은혜를 선물로 주셨습니다.

“우리는 그리스도 안에서 그의 은혜의 풍성함을 따라 그의 피로 말미암아 속량 곧 죄 사함을 받았느니라”(엡1:7).

하나님의 용서하시는 은혜가 그냥 이루어진 것이 아니라 예수님께서 우리의 죄를 지시고 십자가에서 죽으심으로 우리의 죄값을 치루셨다는 것입니다.

“한 사람이 순종하지 아니함으로 많은 사람이 죄인 된 것 같이 한 사람이 순종하심으로 많은 사람이 의인이 되리라”(롬5:19).

하나님의 용서하시는 은혜는 우리를 죄에서 벗어나 의인이 되게 하시는 은혜임을 잊지 말기 바랍니다. 앞으로는 절대 죄에 매여 죄를 생각하며 살지 말고 오직 생명을 좇아 거룩하신 하나님의 의로우심을 따라 살아가야 합니다.

3. 은혜가 더욱 넘치게 하시는 은혜입니다

“율법이 들어온 것은 범죄를 더하게 하려함이라 그러나 죄가 더한 곳에 은혜가 더욱 넘쳤나니”(롬5:20).

율법 이야기만 들으면 이것도 죄, 저것도 죄, 자신은 죽어 마땅한 죄인으로밖에 생각되지 않습니다. 그런데 예수 그리스도 십자가의 사건을 통해 우리에게는 하나님의 용서하시는 은혜가 선포되었습니다.

스스로가 죄인이라는 사실을 깨달을 때마다 정죄함을 받는 것이 아니라 이 죄인을 용서해 주신 하나님의 은혜가 우리 안에서 더욱 넘쳐나게 된 것입니다. 내가 연약한 자, 내가 죄인이라는 사실을 깨달으면 깨달을수록 하나님의 은혜가 우리 안에 얼마나 큰지를 알게 되는 것입니다.

우리는 용서하시는 은혜를 입은 자입니다. 나의 모든 죄를 주님이 용서해 주셨다면 그 은혜를 입은 우리도 용서하지 못할 사람이 없습니다. 받은 주님의 은혜를 내 안에 멈추게 하지 말고 그 은혜를 흘려보내 주님의 마음으로 품고 용서하며 다시 살리는 은혜가 가득하기 바랍니다.

[피드백]

빈칸에 알맞은 단어는 무엇입니까?

1. "그러므로 한 사람으로 말미암아 __가 세상에 들어오고 죄로 말미암아 _____ 이 들어왔나니 이와 같이 모든 사람이 죄를 지었으므로 사망이 모든 사람에게 이르렀느니라"(롬5:12).

2. "우리는 그리스도 안에서 그의 ____ 의 풍성함을 따라 그의 __로 말미암아 속량 곧 죄 사함을 받았느니라"(엡1:7).

3. "율법이 들어온 것은 ____ 를 더하게 하려함이라 그러나 죄가 더한 곳에 _____ 가 더욱 넘쳤나니"(롬5:20).

[나눔과 적용]

1. 용서하시는 하나님의 은혜로 인하여 우리의 삶이 변화된 경험이 있다면 나누어 봅시다.

2. 죄의 값을 지불하시고 용서하신 예수님의 십자가 은혜를 믿고 감사하고 있는지 생각해 봅시다.

3. 힘들고 지칠 때 경험하는 하나님의 용서의 은혜에 대하여 함께 나누어 봅시다.

4. 말씀을 통해 새롭게 깨닫게 되었거나 받은 은혜를 나누어 봅시다.

제14주

지켜주시는 은혜

♣ **예배 가이드:** 어떤 환난에서도 지켜주시는 하나님의 은혜를 믿고 그 은혜 안에 거하며 살아가는 성도가 됩시다.

■ **본문:** 시편 121편 1~8절

■ **찬송:** 29장, 382장

■ **요절**

"나의 도움은 천지를 지으신 여호와에게서로다"(시121:2)

사람들 안에는 문제와 위기를 만날 때 누군가 의존하고자 하는 심리가 있습니다. 그리고 내가 결정하고 내가 선택한 것에 대한 확신과 동의를 얻고 싶어하기도 합니다. 불안과 염려로 가득한 사람들은 본능적으로 언제나 의지할 대상을 찾습니다.

"내가 고아와 같이 버려두지 아니하고 너희에게로 오리라"(요14:18).

우리를 구원하신 하나님은 우리를 세상 가운데 그냥 살게 내버려 두시는 분이 아니라 오늘도 우리와 함께 하시고 우리를 지키시고 보호하심을 믿으시기 바랍니다.

1. 항상 지켜주시는 은혜

"여호와께서 너를 실족하지 아니하게 하시며 너를 지키시는 이가 졸지 아니하시로다"(시121:3).

'실족'이라는 말은 원어로 '모트'라고 하고 '흔들리다, 비틀거리다, 가난하게 되다'의 의미입니다. 인생에 찾아온 실족 때문에 다시 일어서지 못하는 사람들이 있습니다. 그런데 하나님의 자녀인 우리에게는 복된 소식이 선포되었습니다. 하나님이 우리를 실족하지 않게 지켜주신다는 것입니다. 붙잡아 주신다는 것입니다.

"그는 넘어지나 아주 엎드러지지 아니함은 여호와께서 그의 손으로 붙드심이로다"(시37:24).

그리고 하나님은 졸지도 주무시지도 않고 우리를 지켜주신다고 말씀하십니다. 이는 무슨 뜻일까요? '사각지대(Blind Spot)'라는 말이 있습니다. '보지 못하는 지대'라는 뜻입니다. 자동차를 운전하고 갈 때나 CCTV가 있어도 항상 문제는 이 사각지대에서 일어납니다. 그러나 하나님은 우리를 시간과 공간을 초월해서 지켜주십니다. 하나님의 지켜주심에는 사각지대가 없습니다. 졸지도 아니하시고 주무시지도 않으시는 하나님이 우리가 실족하지 않게 은혜로 지켜주십니다.

2. 그늘로 보호하시는 은혜

"여호와는 너를 지키시는 이시라 여호와께서 네 오른쪽에서 네 그늘이 되시나니"(시121:5).

'그늘'이라는 말은 원어로 '셀'이라는 단어이고 '그림자, 보호자'의 의미를 가집니다. 하나님이 그늘이 되어 주신다는 것은 하나님이 나의 보호자가 되어 주신다는 것입니다. 무엇으로부터 우리를 보호하신다는 것입니까?

"낮의 해가 너를 상하게 하지 아니하며 밤의 달도 너를 해치지 아니하리로다"(시121:6).

낮의 해는 육체적인 고통, 삶의 고통이며, 밤의 달은 정신적인 고통, 걱정과 염려입니다. 이런 고통과 문제에서 하나님이 우리의 그늘이 되어 주신다는 것입니다.

그리고 하나님이 '네 오른쪽에서 네 그늘이 되신다'고 했는데 '오른쪽'이란 가장 가까운 곳, 가장 익숙한 곳, 가장 찾기 쉬운 곳을 말합니다. 하나님은 우리의 가장 가까운 곳에 계시며 우리를 보호하심을 믿으시기 바랍니다.

3. 환난에서 지켜주시는 은혜

"여호와께서 너를 지켜 모든 환난을 면하게 하시며 또 네 영혼을 지키시리로다"(시121:7).

'모든 환난을 면하게 하시며' 원어 성경에는 '모든 환난에서 지키시며'라고 말씀합니다. 이 땅을 살아가는 사람 중에 환난이 면제된 사람은 아무도 없습니다. 모두에게는 각자가 당하는 환난이 있기 때문입니다. 그런데 이 환난을 당할 때 예수님을 믿는 성도에게는 하나님이 지켜주시는 은혜가 있음을 믿으시기 바랍니다.

'네 영혼을 지키시리로다' 우리에게 몸과 마음, 건강, 물질이 중요하지만 가장 중요한 것은 우리의 영혼입니다. 영혼을 잃어버리게 되면 이 땅의 모든 것을 지킨다 해도 아무런 의미가 없어집니다.

성경에서 '환난'이라는 말의 원어는 'Evil(악한 것)'이라고 기록하고 있습니다. 어떤 사탄의 시험이 우리에게 찾아오고 악한 것들이 나를 넘어뜨리려 해도 하나님을 의지하는 성도는 하나님의 은혜로 보호하심을 믿으시기 바랍니다.

우리가 할 것은 기도를 멈추지 말고 예배생활이 무너지지 않도록 하며 사명을 포기하지 않는 것입니다. 아무리 환난 중에 있다 할지라도 내 영혼이 날마다 살아나서 영으로 주님을 붙잡는 자를 하나님은 회복시켜주십니다.

"여호와께서 너의 출입을 지금부터 영원까지 지키시리로다"(시121:8).

하나님이 우리를 지키시는 이유는 우리를 사랑하시기 때문입니다. 그 사랑을 기억하며 어떤 환난을 만나도 지켜주시는 하나님의 은혜 안에 거하는 성도가 되기 바랍니다.

[피드백]
빈칸에 알맞은 단어는 무엇입니까?

1. "여호와께서 너를 ___하지 아니하게 하시며 너를 지키시는 이가 ___아니하시로다"(시121:3).

2. "그는 넘어지나 아주 ______지지 아니함은 여호와께서 그의 ___으로 붙드심이로다"(시37:24).

3. "여호와께서 너의 ____을 지금부터 ____까지 지키시리로다"(시121:8).

[나눔과 적용]

1. 문제를 만났을 때, 다른 것을 의지하지 않고 하나님을 의지하는지 생각해 봅시다.

2. 환난 중에 하나님을 의지하면서 지켜주시는 주님의 은혜를 경험했다면 함께 나누어 봅시다.

3. 예상치 못하게 실족하는 순간에 경험하게 되는 항상 지켜주시는 은혜에 대하여 나누어 봅시다.

4. 말씀을 통해 새롭게 깨닫게 되었거나 받은 은혜를 나누어 봅시다.

제15주
치료하시는 은혜

♣ **예배 가이드:** 우리를 모든 질병에서 치료하시고 회복하시는 하나님의 은혜를 믿고 의지하며 기도하는 성도가 됩시다.

■ **본문:** 출애굽기 15장 22~26절

■ **찬송:** 79장, 474장

■ **요절**

"이르시되 너희가 너희 하나님 나 여호와의 말을 들어 순종하고 내가 보기에 의를 행하며 내 계명에 귀를 기울이며 내 모든 규례를 지키면 내가 애굽 사람에게 내린 모든 질병 중 하나도 너희에게 내리지 아니하리니 나는 너희를 치료하는 여호와임이라"(출15:26)

오늘날 질병은 사람들이 이 땅에서 겪는 가장 큰 고통과 슬픔 가운데 하나입니다. 그러나 우리 안에 어떤 질병의 고통, 정신적인 고통, 근심의 문제가 있다 해도 치료하시고 회복하시는 하나님의 은혜가 있음을 믿으시기 바랍니다.

1. 심령을 치료하시는 은혜

"모세가 홍해에서 이스라엘을 인도하매 그들이 나와서 수르 광야로 들어가서 거기서 사흘길을 걸었으나 물을 얻지 못하고"(출15:22).

출애굽한 이스라엘 백성들이 하나님의 은혜로 무사히 홍해를 건너고 본격적인 광야생활로 들어가게 된 곳이 바로 수르 광야입니다. 그런데 3일만에 물이 있는 오아시스를 만나게 되었는데 그곳 이름이 '마라'입니다. 이 말의 뜻은 '쓰다'입니다. 물이 써서 마실 수가 없는 곳입니다.

"백성이 모세에게 원망하여 이르되 우리가 무엇을 마실까 하매"(출 15:24).

3일 전에 홍해를 갈라 마른 땅으로 건너게 하셨던 하나님의 놀라운 기적을 경험한 이스라엘 백성들인데, 그 은혜와 감동이 3일을 넘기지 못하고 마실 물이 없다고 원망하고 불평하고 있습니다.

그런데 이스라엘 백성들 안에는 습관적인 원망이라는 질병이 있었습니다. 이스라엘 백성의 원망은 이때만 나온 것이 아닙니다. 바로의 군대가 쫓아왔을 때도, 홍해바다를 앞에 두고 섰을 때도 원망했습니다.

우리 육신의 질병보다 먼저 고침 받아야 하는 것은 원망과 불평의 마음입니다. 깊은 기도와 영적 예배가 회복될 때 하나님께서 우리의 심령을 고치시고 육신의 질병도 고쳐주실 줄 믿습니다.

2. 마음을 치료하시는 은혜

"모세가 여호와께 부르짖었더니 여호와께서 그에게 한 나무를 가리키시니 그가 물에 던지니 물이 달게 되었더라 거기서 여호와께서 그들을 위하여 법도와 율례를 정하시고 그들을 시험하실새"(출15:25).

좋은 습관이 병을 고친다고 말합니다. 질병은 유전적인 영향을 받기도 하지만 평소의 생활습관에 의해 더 많은 영향을 받습니다. 허리가 아파서 병원에 가면 통증을 잠깐 낫게 하기보다 앉는 자세의 습관을 고쳐야 한다고 말합니다. 속이 안 좋아서 병원에 가면 소화기능을 잠깐 회복시키기 보다 식습관을 고쳐야 한다고 말합니다.

이스라엘 백성들이 물이 쓰다고 원망하자 모세가 하나님께 기도했고 하나님께서 방법을 알려주셨습니다. 하나님은 마라의 쓴물을 한 번에 단물로 바꾸실 수 있는 능력의 하나님이시지만 모세의 순종과 이스라엘 백성이 모세가 나무를 던진 그 물을 마실 수 있는지 그 믿음과 순종을 보신 것입니다. 하나님은 이스라엘 백성들을 치료하기 위해 당장에 마실 물을 해결해 주시면서 그들에게 법도와 율례를 가르쳐 주심으로 마음의 습관, 삶의 습관을 고치기를 원하셨습니다.

3. 모든 질병에서 치유하시는 은혜

"이르시되 너희가 너희 하나님 나 여호와의 말을 들어 순종하고 내가 보기에 의를 행하며 내 계명에 귀를 기울이며 내 모든 규례를 지키면 내가 애굽 사람에게 내린 모든 질병 중 하나도 너희에게 내리지 아니하리니 나는 너희를 치료하는 여호와임이라"(출15:26).

이 세상에 병을 안 가지고 있는 사람은 아무도 없습니다. 사도 바울도 육체의 질병을 가지고 있었습니다. 그것이 얼마나 고통스러웠는지 사단의 가시라고 부르며 하나님께 고쳐달라고 세 번이나 간구했다고 했습니다.

"나에게 이르시기를 내 은혜가 네게 족하도다 이는 내 능력이 약한 데서 온전하여짐이라 하신지라 그러므로 도리어 크게 기뻐함으로 나의 여러 약한 것들에 대하여 자랑하리니 이는 그리스도의 능력이 내게 머물게 하려 함이라"(고후12:9).

질병과 고통의 시간이 어떻게 은혜가 될 수 있습니까? 내 안에 있는 연약함으로 하나님을 더욱 의지하게 되고, 그 약함으로 하나님의 능력이 얼마나 위대하신지 보여주시기 때문입니다. 이 비밀을 깨닫는 자는 고통 중에서도 하나님의 능력을 의지하게 됩니다. 질병 가운데에서도 하나님의 역사하심을 바라보게 되는 것입니다.

하나님이 우리를 치유하십니다. 내 육신을 고쳐주시고, 내 생각을 고쳐주시고, 내 마음을 고쳐주십니다. 그리고 치유보다 더 큰 은혜를 우리에게 채워주심을 믿으시기 바랍니다.

[피드백]

빈칸에 알맞은 단어는 무엇입니까?

1. "____에 이르렀더니 그 곳 물이 써서 마시지 못하겠으므로 그 이름을 ____라 하였더라"(출15:23).

2. "백성이 모세에게 _____하여 이르되 우리가 무엇을 마실까 하매" (출15:24).

3. "나에게 이르시기를 내 _____가 네게 족하도다 이는 내 능력이 약한 데서 온전하여짐이라 하신지라 그러므로 도리어 크게 기뻐함으로 나의 여러 ____ 것들에 대하여 자랑하리니 이는 그리스도의 ____이 내게 머물게 하려 함이라"(고후12:9).

[나눔과 적용]

1. 불평과 원망하는 마음이 예수님의 은혜로 회복되었다면 함께 나누어 봅시다.

2. 안 좋은 습관을 고치기 위해 하나님의 말씀에 순종한 경험이 있다면 나누어 봅시다.

3. 육신의 질병으로 인하여 오히려 하나님의 위대하심을 경험했다면 함께 나누어 봅시다.

4. 말씀을 통해 새롭게 깨닫게 되었거나 받은 은혜를 나누어 봅시다.

[부활주일]

제16주

부활의 능력으로 살아나라

♣ **예배 가이드:** 부활의 능력을 의지하여 온전한 믿음으로 부활신앙의 삶을 살아가는 성도가 됩시다.

■ **본문:** 고린도전서 15장 12~20절

■ **찬송:** 29장, 165장

■ **요절**

"그러나 이제 그리스도께서 죽은 자 가운데서 다시 살아나사 잠자는 자들의 첫 열매가 되셨도다"(고전15:20)

기독교 신앙의 가장 중요한 핵심은 바로 부활입니다. 사도 바울은 그리스도의 부활이 없다면 우리의 믿음도 헛되고 죄사함도 없다고 말합니다. 부활이 없다면 그리스도의 복음도 없는 것이며 그리스도인이라 불리는 자들도 없는 것이며 교회도 이 땅에 존재하지 않는 것입니다. 예수님께서 십자가에서 부활하심으로 우리 모든 그리스도인들이 오늘도 부활의 능력으로 살아가고 있음을 믿으시기 바랍니다. 부활의 능력으로 살아난다는 것은 무엇을 말씀하는 것일까요?

1. 부활이 있음을 믿는 것

"그리스도께서 죽은 자 가운데서 다시 살아나셨다 전파되었거늘 너희 중에서 어떤 사람들은 어찌하여 죽은 자 가운데서 부활이 없다 하느냐"(고전15:12).

고린도교회 안에 부활을 부인하는 사람들이 있었습니다. 예수님 당시 사두개인들이 부활이 없다고 주장하는 대표적인 그룹입니다.

사두개인들은 로마와 친한 사람들로 대부분 부유했고 종교적 귀족층에 있었기에 그들에게는 부활이 필요하지 않았던 것입니다. 그러나 모든 사람에게는 반드시 죽음이 있고 죽음으로 끝나는 것이 아니라 부활의 날이 찾아오게 됨을 기억해야 합니다.

"한번 죽는 것은 사람에게 정해진 것이요 그 후에는 심판이 있으리니"(히 9:27).

죽음 이후에는 부활이 있고 심판이 있습니다. 예수님을 믿는 성도는 그 심판 앞에서 생명을 얻게 되고 이 땅에서 행한 대로, 하나님의 일을 하고 주님을 위해 헌신했던 대로 상급이 결정됩니다.

부활의 능력으로 살아가는 성도란 바로 이 부활이 있음을 믿는 성도입니다. 영원한 삶을 바라보며 부활이 있음을 믿고 살아가는 성도가 되기 바랍니다.

2. 부활의 주님을 믿으라

"그리스도께서 만일 다시 살아나지 못하셨으면 우리가 전파하는 것도 헛것이요 또 너희 믿음도 헛것이며"(고전15:14).

예수님이 부활하신 것이 소문이 아닌 사실이고 증거인 것은 부활하신 주님을 만난 사람들이 있기 때문입니다.

예수님을 장례하기 위해 무덤에 갔던 막달라 마리아, 이후에는 베드로를 비롯한 제자들에게 나타나셨고, 믿지 못하던 도마에게 예수님의 못자국 난 손과 창에 찔린 옆구리에 손을 넣어 보라고 말씀하셨습니다. 엠마오로 가던 두 제자에게 예수님이 나타나셔서 말씀을 풀어주셨습니다. 다음에는 500여 명의 형제들이 예수님을 보았고, 예수님의 친동생인 야고보에게 나타나셨고, 바울이 사울일 때 예수님을 믿는 사람들을 잡아 죽이려고 다메섹으로 가던 중 부활하신 예수님을 만났다고 말합니다. 이후 사울은 완전히 변화되어 목숨을 걸고 주님을 증거하는 바울이 되었습니다.

부활의 능력으로 살아가는 성도는 어떻게 살아갑니까? 주님이 살아계심을 믿는 것입니다. 주님이 나와 함께 하심을 믿는 것입니다. 그런데 주님이 살아계심을 믿지 못한다면 우리의 믿음과 우리의 죄 사하심과 구원은 헛것이 되어버립니다. 살아계신 주님이 우리와 함께 하심을 믿으시기 바랍니다.

3. 부활의 능력으로 살아나라

"그러나 이제 그리스도께서 죽은 자 가운데서 다시 살아나사 잠자는 자들의 첫 열매가 되셨도다"(고전15:20).

'첫 열매'는 원어로 '아파르케' 영어로 'First Fruit'입니다. 첫 열매는 소망, 가능성을 의미합니다. 예수님이 첫 열매가 되셨다는 것은 예수님으로 말미암아 모든 것이 새롭게 시작되었다는 뜻입니다. 예수님의 부활로 우리의 부활이 이루어졌고, 예수님의 구원하심으로 우리의 구원이 이루어졌습니다.

"나는 포도나무요 너희는 가지라 그가 내 안에, 내가 그 안에 거하면 사람이 열매를 많이 맺나니 나를 떠나서는 너희가 아무 것도 할 수 없음이라"(요15:5).

생명의 근원되시는 예수님 안에 거할 때, 우리의 첫 열매가 되시는 주님 안에 거할 때 우리도 다시 살아나게 됩니다.

예수님의 부활에는 목적이 있습니다. 우리를 다시 살리시는 것입니다. 잠자는 자들에서부터 다시 살리시는 것입니다. 잠을 잔다는 것은 죽음을 의미합니다. 절망, 소망이 사라진 것을 의미합니다. 이런 인생에 필요한 것은 다시 살게 하시는 부활하신 주님의 능력이 임하는 것입니다. 부활의 능력으로 우리의 심령과 가정과 삶이 다시 살아나는 역사가 있기 바랍니다.

[피드백]

빈칸에 알맞은 단어는 무엇입니까?

1. “한번 ___ 것은 사람에게 정해진 것이요 그 후에는 ____이 있으리니”(히 9:27).

2. “그리스도께서 만일 다시 살아나지 못하셨으면 우리가 전파하는 것도 _____이요 또 너희 ____도 헛것이며”(고전15:14).

3. “나는 _________요 너희는 가지라 그가 내 안에 내가 그 안에 거하면 사람이 ____를 많이 맺나니 나를 떠나서는 너희가 아무 것도 할 수 없음이라”(요15:5).

[나눔과 적용]

1. 부활하신 예수님을 만났는지, 아니라면 어떻게 만날 수 있는지 함께 나누어 봅시다.

2. 매일의 삶에서 예수님이 우리와 함께 살아계심을 믿으며 살아가고 있는지 생각해 봅시다.

3. 다시 살게 하는 부활의 능력으로 우리의 생명이 살아나 매일을 살고 있는지 생각해 봅시다.

4. 말씀을 통해 새롭게 깨닫게 되었거나 받은 은혜를 나누어 봅시다.

제17주
위로하시는 은혜

♣ **예배 가이드:** 어떤 환난과 고난에서도 우리를 위로하시고 소망을 주시는 주님의 은혜를 기억하며 믿음으로 승리하는 성도가 됩시다.

■ **본문:** 고린도후서 1장 3~11절

■ **찬송:** 96장, 413장

■ **요절**

"우리의 모든 환난 중에서 우리를 위로하사 우리로 하여금 하나님께 받는 위로로써 모든 환난 중에 있는 자들을 능히 위로하게 하시는 이시로다"(고후1:4)

고난은 고통스러운 것인데 예수님은 이 고난의 잔을 십자가에서 받으셨습니다. 왜 그렇게 하셨습니까? 우리에게 위로를 주시기 위함이었습니다. 위로하시는 은혜는 어떤 은혜입니까?

1. 환난에서 위로하시는 은혜

"우리의 모든 환난 중에서 우리를 위로하사 우리로 하여금 하나님께 받는 위로로써 모든 환난 중에 있는 자들을 능히 위로하게 하시는 이시로다"(고후1:4).

위로는 아무 문제가 없을 때 필요한 것이 아닙니다. 고통 중에 위로가 있는 것입니다. 다시 말해서 환난이 있어야 위로도 있는 것입니다. '위로'라는 말을 영어로 'comfort'라는 단어를 씁니다. 이 단어는 침대 광고, 소파 광고를 할 때 가장 많이 씁니다. 편안한 침대, 편안한 소파, 몸을 기대어 쉴 수 있는 곳을 의미합니다.

환난 중에 위로하시는 은혜는 무엇입니까? 인생의 어떠한 고통의 문제, 환난의 문제를 만난다 할지라도 하나님을 의지하는 성도에게는 위로와 평안함을 주심을 믿으시기 바랍니다. 인생이 풍랑 가운데 요동치고 내 육신과 마음이 흔들린다 할지라도 위로하시는 하나님, 평안으로 인도하시는 하나님을 믿고 바라보기 바랍니다.

시편 42편 5절(개역한글)에 다윗은 고백합니다.

"내 영혼아 네가 어찌하여 낙망하며 어찌하여 내 속에서 불안하여 하는고 너는 하나님을 바라라 그 얼굴의 도우심을 인하여 내가 오히려 찬송하리로다"(시42:5).

오직 하나님만 바라봐야 합니다. 그러면 환난을 통해 위로하시는 하나님의 은혜를 얻습니다.

2. 고난을 통해 위로하시는 은혜

"그리스도의 고난이 우리에게 넘친 것 같이 우리가 받는 위로도 그리스도로 말미암아 넘치는도다"(고후1:5).

'No pain, no gain'이라는 말이 있습니다. 고통이 없으면 얻는 것도 없다는 뜻입니다. 이스라엘 백성이 언제 가장 큰 은혜를 경험했습니까? 애굽에서 나와 광야길을 걸어갈 때 가장 큰 은혜를 경험했습니다. 가장 고통의 시간, 아무것도 이루지 못하고 불안하고 두려운 40년의 광야길이었지만 그 시간동안 하나님의 은혜를 가장 가까이에서 경험하고 광야의 시간을 거친 후 가나안에 들어가는 영광을 얻게 된 것입니다.

'그리스도의 고난이 우리에게 넘친 것 같이'라는 말씀은 예수님의 고난과 그리스도의 고난에 우리가 참여한다는 두 가지의 의미를 가지고 있습니다. 주님이 십자가에서 당하신 그 고난으로 말미암아 우리에게 은혜가 임하게 되었고, 그리스도의 고난에 참여하는 성도에게는 넘치는 위로가 있다는 사실입니다.

"우리는 우리 자신이 사형 선고를 받은 줄 알았으니 이는 우리로 자기를 의지하지 말고 오직 죽은 자를 다시 살리시는 하나님만 의지하게 하심이라"(고후1:9).

고난 당할 때, 인생의 문제를 만날 때 하나님만 의지하면 위로하시는 주님의 은혜를 경험하게 됩니다. 그래서 우리는 주님의 십자가의 고난에 참여하는 것입니다. 주님이 지신 십자가를 나도 지는 것입니다.

3. 소망으로 위로하시는 은혜

"너희를 위한 우리의 소망이 견고함은 너희가 고난에 참여하는 자가 된 것 같이 위로에도 그러할 줄을 앎이라"(고후1:7).

고난이 고통이 되는 것은 소망이 없기 때문입니다. 인생에 소망이 없는 사람, 내일이 없는 인생은 하루 하루가 고통입니다. 그런데 소망이 있는 인생은 고난도 기쁨이 됩니다. 앞날이 있는 사람은 오늘의 역경도 기쁨으로 감당할 수 있습니다.

하나님의 위로하시는 은혜는 무엇입니까? 우리에게 소망을 주시는 것입니다. 사람의 위로와는 비교되지 않는 하나님의 위로가 바로 이것입니다. 하나님의 위로하심에는 반드시 살리시고 회복하시는 소망을 이루는 능력이 있습니다. 사도 바울은 위로하시는 은혜를 깨닫고 고난을 받으면 받을수록 그의 소망이 견고해져 갔습니다.

"그가 이같이 큰 사망에서 우리를 건지셨고 또 건지실 것이며 이후에도 건지시기를 그에게 바라노라"(고후1:10).

놀라운 말씀입니다. 주님은 우리를 사망에서 건져주셨습니다. 그리고 어떤 고난과 두려움 속에서도 반드시 건져주십니다. 이후에도 주님은 우리를 포기하지 않으시고 건져주실 것을 믿으십시오. 이 믿음과 소망으로 위로하시는 은혜안에 살아가는 성도가 되기 바랍니다.

[피드백]

빈칸에 알맞은 단어는 무엇입니까?

1. "내 영혼아 네가 어찌하여 ____하며 어찌하여 내 속에서 불안하여 하는고 너는 하나님을 바라라 그 ____의 도우심을 인하여 내가 오히려 찬송하리로다"(시42:5-개역한글).

2. "그리스도의 ____이 우리에게 넘친 것 같이 우리가 받는 ____도 그리스도로 말미암아 넘치는도다"(고후1:5).

3. "그가 이같이 큰 ____에서 우리를 건지셨고 또 건지실 것이며 ____에도 건지시기를 그에게 바라노라"(고후1:10).

[나눔과 적용]

1. 환난으로 고통 중에 있는 지체를 위로한 경험이 있다면 함께 나누어 봅시다.

2. 인생길의 지나온 고난에서 오히려 주님이 주시는 위로를 경험하게 되었다면 함께 나누어 봅시다.

3. 받은 은혜 때문에 고난을 극복한 경험이 있다면 함께 나누어 봅시다.

4. 말씀을 통해 새롭게 깨닫게 되었거나 받은 은혜를 나누어 봅시다.

[어린이주일]

제18주

그들의 소망을 하나님께 두게 하라

♣ **예배 가이드:** 다음 세대가 하나님께 소망을 두고 살아가도록 전하고 가르치고 기도하는 성도가 됩시다.

■ **본문:** 시편 78편 1~8절

■ **찬송:** 565장, 569장

■ **요절**

"그들로 그들의 소망을 하나님께 두며 하나님께서 행하신 일을 잊지 아니하고 오직 그의 계명을 지켜서"(시78:7)

근래 MZ세대라는 말이 많이 나오고 있습니다. 'MZ(Millennial Zero)'는 지금의 20대 초, 중반을 가리켜 부르는 말입니다. 이들은 인터넷과 디지털 환경에 익숙합니다. 개인의 취향과 사생활을 중요하게 생각하고 자신이 원하는 것을 요구하는 것에 부담을 느끼지 않습니다. 그리고 수평적 문화, 편리함, 간편함을 선호합니다.

아무리 세대 차이가 나고 문화가 차이난다 해도 믿음과 신앙의 유산은 올바로 물려져야 합니다. 어떻게 우리 다음 세대 자녀들을 믿음으로 바로 세울 수 있을까요?

1. 전하라

"우리가 이를 그들의 자손에게 숨기지 아니하고 여호와의 영예와 그의 능력과 그가 행하신 기이한 사적을 후대에 전하리로다"(시78:4).

하나님은 지금 무엇을 명령하고 있습니까? 하나님의 영광과 하나님의 능력과 하나님의 행하신 놀라운 기적들을 다음 세대들이 알 수 있도록 전해야 한다고 말씀합니다. 그래야 그들도 하나님만 의지하는 세대가 될 수 있기 때문입니다.

'영예'는 영어로 'the Glorious deeds' 즉 '하나님의 영광을 찬양하는 것'입니다. 바로 예배를 뜻하는 것입니다. 우리 자녀들에게 예배를 가르쳐야 합니다. 왜냐하면 하나님이 가장 기뻐하시는 것이 하나님을 예배하는 것이기 때문입니다.

지금 아이들의 삶에는 예배보다 더 중요한 것이 많습니다. 공부가 예배보다 중요하고, 학원이 예배보다 중요하고, 게임이 예배보다 중요하고, 캠핑이나 여행이 예배보다 더 중요해졌습니다.

자녀에게 예배를 가르치는 부모, 예배를 가르치는 교회가 되어야 합니다. 그래야 하나님의 능력과 그가 행하신 기이한 사적을 후대에 전할 수 있습니다. 이것이 자녀들의 믿음이 되고 자녀들의 인생에 놀라운 기적의 역사가 될 것입니다.

2. 가르치라

"여호와께서 증거를 야곱에게 세우시며 법도를 이스라엘에게 정하시고 우리 조상들에게 명령하사 그들의 자손에게 알리라 하셨으니"(시78:5).

성경은 다음 세대에게 하나님이 세우신 법도, 바로 하나님의 말씀을 전하라고 말씀합니다. 하나님의 말씀은 역사이야기가 아닙니다. 오래된 영웅들의 이야기나 신화가 아닙니다. 하나님의 말씀은 여전히 살아있는 말씀입니다.

"또 어려서부터 성경을 알았나니 성경은 능히 너로 하여금 그리스도 예수 안에 있는 믿음으로 말미암아 구원에 이르는 지혜가 있게 하느니라 모든 성경은 하나님의 감동으로 된 것으로 교훈과 책망과 바르게 함과 의로 교육하기에 유익하니 이는 하나님의 사람으로 온전하게 하며 모든 선한 일을 행할 능력을 갖추게 하려 함이라"(딤후3:15~17).

자녀들에게 하나님의 말씀을 가르치기 위해서는 먼저 부모가 성경을 읽고 하나님의 말씀을 배워야 합니다. 모든 삶의 지혜는 하나님의 말씀 안에 있습니다. 말씀을 가까이 하는 부모는 자녀를 말씀으로 양육합니다. 그리고 죄에 빠질 때에 말씀을 깨닫게 합니다. 자녀가 말씀을 받아 먹고, 말씀을 가까이 하게 될 때 하나님의 음성을 날마다 듣는 자녀가 될 줄 믿습니다.

3. 맡기라

"그들로 그들의 소망을 하나님께 두며 하나님께서 행하신 일을 잊지 아니하고 오직 그의 계명을 지켜서"(시78:7).

동물들은 태어나자마자 걷습니다. 그런데 사람은 1년이 되어야 걷습니다. 돌봄과 보호가 그만큼 필요한 것인데 문제는 그만큼 의존도도 높다는 것입니다. 그래서 제대로 성장하지 못하는 경우가 많습니다.

지혜로운 부모는 자녀가 스스로 성장할 수 있도록 하는 부모입니다. 자녀를 하나님께 맡겨야 합니다. 자녀에게 소망을 거는 것이 아니고 내 자녀를 이끌어가시는 하나님께 소망을 두는 부모가 되어야 합니다. 부모가 자녀에게 소망을 두며 자녀에게 미래를 걸고 기대를 하면 자녀는 부담만 커지고 서로에게 고통이 될 뿐입니다. 가정의 소망은 부모도 아니고 자식도 아닙니다. 하나님께 있는 것입니다.

"소망의 하나님이 모든 기쁨과 평강을 믿음 안에서 너희에게 충만하게 하사 성령의 능력으로 소망이 넘치게 하시기를 원하노라"(롬15:13).

소망을 하나님께 두기 바랍니다. 그리고 우리 자녀들이 소망을 하나님께 두도록 인도하기 바랍니다. 그래야 하나님께서 다음 세대를 이끌어 가십니다.

[피드백]

빈칸에 알맞은 단어는 무엇입니까?

1. "내 백성이여, 내 _____을 들으며 내 입의 말에 ___를 기울일지어다"(시 78:1).

2. "소망의 하나님이 모든 ____과 ____을 ____ 안에서 너희에게 충만하게 하사 성령의 능력으로 소망이 넘치게 하시기를 원하노라"(롬15:13).

3. "그들로 그들의 ____을 하나님께 두며 하나님께서 행하신 일을 잊지 아니하고 오직 그의 ____을 지켜서"(시78:7).

[나눔과 적용]

1. 다음 세대 자녀들을 믿음으로 세우기 위하여 가정과 교회에서 예배를 가르치는지 생각해 봅시다.

2. 가정에서 자녀에게 성경을 가르치기 위해 부모가 말씀으로 준비되고 있는지 생각해 봅시다.

3. 자녀를 양육할 때, 하나님께 소망을 두고 하나님께 맡기고 있는지 함께 나누어 봅시다.

4. 말씀을 통해 새롭게 깨닫게 되었거나 받은 은혜를 나누어 봅시다.

제19주
행복한 가정

♣ **예배 가이드:** 행복한 가정을 이루는 비결을 배워서 복을 얻는 지혜로운 가정이 됩시다.

■ **본문:** 잠언 15장 16~22절

■ **찬송:** 28장, 559장

■ **요절**

"가산이 적어도 여호와를 경외하는 것이 크게 부하고 번뇌하는 것보다 나으니라"(잠15:16)

가정은 하나님이 주신 선물입니다. 선물은 받은 사람이 어떻게 대하는가에 따라서 귀한 선물이 될 수도 있고 하찮은 선물이 될 수도 있습니다. 하나님이 나에게 주신 가족, 내 가정을 귀한 선물로 여기는 사람은 그 선물을 볼 때마다 감동이 되고, 기쁨이 되고, 행복을 느끼지만 나에게 주신 가정이 하찮고 부족하고 내 맘에 들지 않는다고 여기는 사람은 그 선물을 볼 때마다 화가 나고 불평이 생기고 원망이 생기는 것입니다. 어떻게 해야 행복한 가정이 될 수 있을까요?

1. 하나님을 경외하는 가정

"가산이 적어도 여호와를 경외하는 것이 크게 부하고 번뇌하는 것보다 나으니라"(잠15:16).

'여호와를 경외하는 것'을 직역하면 '하나님을 두려워한다'입니다. 여기의 두려움은 공포심에서 나온 두려움이 아니라 삶의 모든 영역에서 하나님의 절대적인 주권을 인정하는 것, 하나님의 능력을 인정하고 하나님의 권위를 높여드리는 것이 바로 경외함의 의미입니다.

"할렐루야, 여호와를 경외하며 그의 계명을 크게 즐거워하는 자는 복이 있도다"(시112:1).

성경에 수많은 말씀들은 하나님을 경외하는 자에게 주시는 복에 대해 말씀하고 있습니다. 비록 가정이 물질적으로 넉넉하지 못해도 하나님을 경외하는 가정은 하나님께서 반드시 복을 주시며 형통하게 하심을 믿으시기 바랍니다.

하나님을 경외하는 가정이 왜 행복한 가정입니까? 하나님께 모든 문제를 맡기는 가정, 하나님이 지켜주심을 구하는 가정이기 때문입니다. 그러기 위해서 주님 중심의 가정, 말씀 중심의 가정, 사명 중심의 가정이 되어야 합니다. 가정의 모든 크고 작은 일들을 결정할 때 아버지, 어머니, 자녀 어느 한 사람의 뜻이 아닌 먼저 기도하고 결정하기 바랍니다. 가정의 어려운 문제들을 만날 때 해결책을 말씀에서 찾기 바랍니다. 우리의 가정이 하나님께 쓰임 받는 가정, 하나님이 주신 사명을 서로 찾고 나누는 부모와 자녀가 되기 바랍니다.

2. 서로 사랑하는 가정

"채소를 먹으며 서로 사랑하는 것이 살진 소를 먹으며 서로 미워하는 것보다 나으니라"(잠15:17).

아무리 좋은 음식이 있고, 아무리 좋은 곳에 간다 해도 그곳에 싸움이 있고 분쟁, 다툼이 있다면 그 좋은 음식이 하나도 입에 맞지 않고 그 좋은 곳도 지옥같아 당장 떠나고 싶은 곳이 되어 버립니다. 목적지까지 여행을 하는데 가장 빨리 가는 방법이 무엇일까요? 비행기를 타고 가는 것, 빠른 기차를 타고 가는 것입니까? 정답은 사랑하는 사람과 같이 가는 것입니다. 우리의 가정을 여행으로 비교한다면 어떤 여행을 하고 계십니까?

기독교 심리학자 개리 체프먼 박사는 5가지 사랑의 언어를 지킬 때 가정 안에 사랑이 회복된다고 말합니다. 인정하는 말, 함께하는 시간, 선물, 봉사, 스킨십입니다. 용기와 힘을 주는 인정하고 격려하는 말을 하며 서로 함께하며 공감하고 대화하는 시간을 가지는 것, 사랑은 표현되어야 하는 것이기에 소중히 여기고 배려하는 마음이 담긴 선물을 하고, 상대를 위해서 하는 봉사의 행동, 신체 접촉을 통해 정서적으로 건강하게 하는 것입니다. 행복한 가정이 되기 위해서는 서로 노력해야 합니다.

3. 지혜로운 가정

"지혜로운 아들은 아비를 즐겁게 하여도 미련한 자는 어미를 업신여기느니라"(잠15:20).

지혜로운 부모는 자녀들이 하나님의 축복을 담을 그릇으로 준비되도록 하나님의 지혜를 가지고 양육하는 부모입니다. 사람의 생각과 사람의 방법으로 자녀를 성공만 하게 하는 것이 아니라 하나님의 뜻과 하나님의 방법과 하나님의 계획을 가지고 자녀를 축복의 주인공으로 만드는 부모가 되어야 합니다.

그리고 지혜로운 자녀는 어떤 자녀입니까? 똑똑한 자녀, 머리만 좋은 자녀, 성공한 자녀, 돈을 많이 버는 자녀가 아닙니다. 먼저는 하나님 아버지를 기쁘게 하고 육신의 부모를 기쁘게 하는 자가 지혜로운 자녀입니다.

'행복은 오는 것이 아니라 내가 만드는 것이다'라는 말이 있습니다. 가만히 있다고 행복해지는 것이 아니라 행복하기 위해 노력하고 헌신해야 합니다. 가정도 마찬가지입니다. 시간만 지난다고 행복한 가정이 되는 것이 아니라 함께 노력하고 함께 만들어 가야 합니다. 하나님을 주인으로 모신 가정, 가정 안에 온전한 예배와 온전한 신앙이 회복된 가정을 하나님이 행복한 가정으로 만들어주심을 믿으시기 바랍니다.

[피드백]

빈칸에 알맞은 단어는 무엇입니까?

1. "할렐루야, 여호와를 _____하며 그의 계명을 크게 즐거워하는 자는 __이 있도다"(시112:1).

2. "채소를 먹으며 서로 _____하는 것이 살진 소를 먹으며 서로 _____하는 것보다 나으니라"(잠15:17).

3. "지혜로운 아들은 아비를 _______ 하여도 미련한 자는 어미를 _____여기느니라"(잠15:20).

[나눔과 적용]

1. 재정의 어려움 중에 하나님을 경외함으로 가정이 행복하고 형통한 경험이 있다면 나누어 봅시다.

2. 우리 가정이 주님과 주님의 말씀과 사명 중심의 가정으로 살아가고 있는지 생각해 봅시다.

3. 인정하는 말, 의미있는 시간, 섬김의 행동, 스킨십, 선물로 가족을 사랑하는지 생각해 봅시다.

4. 말씀을 통해 새롭게 깨닫게 되었거나 받은 은혜를 나누어 봅시다.

제20주
내 영을 부어주리라

♣ **예배 가이드:** 성령님의 임재를 사모하며 담대함과 확신으로 복음을 전하는 성도가 됩시다.

■ **본문:** 사도행전 2장 14~22절

■ **찬송:** 91장, 520장

■ **요절**

"하나님이 말씀하시기를 말세에 내가 내 영을 모든 육체에 부어주리니 너희의 자녀들은 예언할 것이요 너희의 젊은이들은 환상을 보고 너희의 늙은이들은 꿈을 꾸리라"(행2:17)

우리는 다음 세대를 위해 기도해야 하고 다음 세대를 세우기 위해 노력해야 합니다. 하나님의 역사는 우리 세대에서 끝나는 것이 아니라 믿음의 계보가 계속해서 이어질 때 하나님의 축복은 더 큰 기적과 역사를 이루십니다.

그러기 위해서는 성령님의 임재하심이 필요합니다. 믿음을 지키고 악한 세대를 거슬러 하나님의 거룩한 세대로 살아가기 위해서는 반드시 성령님의 임재하심이 절대적인 것입니다. 성령님이 임하시면 어떤 역사가 일어납니까?

1. 담대함이 생깁니다

"베드로가 열한 사도와 함께 서서 소리를 높여 이르되 유대인들과 예루살렘에 사는 모든 사람들아 이 일을 너희로 알게 할 것이니 내 말에 귀를 기울이라"(행2:14).

예수님이 승천하신 후에 제자들과 함께 한 120명의 성도들이 마가의 다락방에 모였습니다. 그들은 예수님께서 명령하신 대로 성령이 임할 것을 기다리며 기도했습니다.

"홀연히 하늘로부터 급하고 강한 바람 같은 소리가 있어 그들이 앉은 온 집에 가득하며 마치 불의 혀처럼 갈라지는 것들이 그들에게 보여 각 사람 위에 하나씩 임하여 있더니"(행2:2~3).

성령께서 역사하신 것입니다. 영으로 임재하신 것입니다. 성령님의 임재를 경험한 베드로가 지금 성령에 충만하여 말씀을 전하고 있습니다. 베드로는 성격이 급하고 행동이 먼저인 사람으로 실수할 때가 많고 말이 어눌했습니다. 그러나 지금 성령이 충만한 베드로는 유대인들과 예루살렘에 있는 사람들 앞에서 말씀을 전하고 있습니다. 그 안에 담대함이 생긴 것입니다. 복음에 대한 담대함, 하나님 말씀에 대한 담대함, 성령의 역사하심에 대한 담대함이 생긴 것입니다.

2. 확신을 얻게 됩니다

"하나님이 말씀하시기를 말세에 내가 내 영을 모든 육체에 부어주리니 너희의 자녀들은 예언할 것이요 너희의 젊은이들은 환상을 보고 너희의 늙은이들은 꿈을 꾸리라"(행2:17).

'자녀들은 예언할 것이요'라는 것은 무엇을 의미하는 것입니까? 자녀들을 통해 하나님은 놀라운 일을 행하신다, 그 말씀하신 것을 이루신다는 뜻입니다. 성령이 충만한 자녀들은 하나님이 역사하십니다. 자녀들의 삶을 통해 하나님의 일하심이 예언되는 것입니다.

'젊은이들은 환상을 보고'에서 '환상'은 원어로는 '호라시스' 영어로는 'power of sight, act of sight' 즉 '보는 대로 움직이게 하는 능력과 힘'입니다. 성령이 충만하면 내가 어떻게 행해야 하는지, 무엇을 해야 하는지, 무엇을 선택해야 하는지 보이게 된다는 것입니다.

'늙은이들은 꿈을 꾸리라'에서 '늙은이'는 나이만을 뜻하는 것이 아닙니다. 꿈이 없는 사람이 늙은 사람입니다. 젊은이들 중에서도 꿈이 없는 사람은 늙은 사람이고, 나이 드신 분들 중에서 꿈이 있는 사람은 젊은 사람입니다.

그렇다면 확신은 언제 이루어집니까?

"그 때에 내가 내 영을 내 남종과 여종들에게 부어 주리니 그들이 예언할 것이요"(행2:18).

성령께서 임재하실 때 일어나는 역사입니다. 성령의 역사하심으로 예언을 이루는 자녀들, 비전을 얻는 젊은이들, 꿈을 회복하는 성도가 되기 바랍니다.

3. 증인이 됩니다

"이스라엘 사람들아 이 말을 들으라 너희도 아는 바와 같이 하나님께서 나사렛 예수로 큰 권능과 기사와 표적을 너희 가운데서 베푸사 너희 앞에서 그를 증언하셨느니라"(행2:22).

성령이 임재하시면 우리는 그리스도의 증인이 됩니다. 다음 세대가 반드시 이루어야 하는 사명도 예수님의 증인이 되는 것입니다. 우리는 예수님을 나타내는 사람들입니다. 지금까지 수많은 믿음의 선진들은 예수님의 증인들이었습니다. 성경은 증인들의 고백을 기록한 것입니다.

우리의 자녀들이 예수님의 증인이 되도록 키워야 합니다. 이들을 통해 세상이 예수님을 보게 될 때 비로소 하나님의 나라는 이루어지는 것이고, 예수님의 증인된 자들을 통해 주님은 놀라운 역사를 이루시는 것입니다. 다음 세대가 다른 세대가 되지 않도록 눈물로 기도하고 자녀들을 신앙으로 양육할 때 하나님의 놀라운 역사가 우리를 통해 일어날 줄 믿습니다.

[피드백]

빈칸에 알맞은 단어는 무엇입니까?

1. "베드로가 열한 사도와 함께 서서 ____ 를 높여 이르되 유대인들과 예루살렘에 사는 모든 사람들아 이 일을 너희로 알게 할 것이니 내 말에 ___를 기울이라"(행2:14).

2. "그 때에 내가 내 ___을 내 남종과 여종들에게 부어 주리니 그들이 _____할 것이요"(행2:18).

3. "이스라엘 사람들아 이 말을 ______ 너희도 아는 바와 같이 하나님께서 나사렛 예수로 큰 권능과 기사와 표적을 너희 가운데서 베푸사 너희 앞에서 그를 ___하셨느니라"(행2:22).

[나눔과 적용]

1. 성령 충만의 경험(담대함, 확신, 증인의식) 중 가장 부족하다고 느끼는 부분은 무엇인가요? 이 부분을 채우기 위해 어떤 노력을 할 수 있을까요?

2. 성령님께서 우리 삶 속에서 어떻게 역사하시는지 구체적인 경험을 나누어 봅시다. 이러한 경험을 통해 우리는 어떤 교훈을 얻었나요?

3. 우리는 다음 세대에게 어떤 믿음의 유산을 물려주고 싶나요? 이를 위해 우리는 어떤 준비를 해야 할까요?

4. 말씀을 통해 새롭게 깨닫게 되었거나 받은 은혜를 나누어 봅시다.

제21주
강하게 하시는 은혜

♣ **예배 가이드:** 연약한 자를 불러 강하게 하시고 충만케 하시는 하나님의 은혜를 기억하며 모든 연약함을 물리치고 믿음으로 승리하는 성도가 됩시다.

■ **본문:** 에베소서 3장 14~19절

■ **찬송:** 91장, 406장

■ **요절**

"그의 영광의 풍성함을 따라 그의 성령으로 말미암아 너희 속사람을 능력으로 강건하게 하시오며"(엡3:16)

세상에 강자와 약자가 있다고 하지만 정작 모든 인간은 약합니다. 인간은 질병에 약하고 감정에 약합니다. 강한 척, 담대한 척 겉으로는 포장하고 살아가지만 깨지기 쉬운 유리그릇같이 연약한 존재입니다.

"너는 내일 일을 자랑하지 말라 하루 동안에 무슨 일이 일어날는지 네가 알 수 없음이니라"(잠27:1).

이렇게 연약한 우리가 어떻게 살아야 할까요? 무엇을 의지하며 살아야 할까요? 강하게 하시는 하나님의 은혜를 의지해야 합니다.

1. 부르심의 은혜

"이러므로 내가 하늘과 땅에 있는 각 족속에게 이름을 주신 아버지 앞에 무릎을 꿇고 비노니"(엡3:14~15).

이름을 준다는 것, 그 이름을 불러준다는 것은 그만큼 내가 그에게 특별한 사람이 되었다는 것입니다. 그런데 누가 우리의 이름을 알고 계십니까? 하나님이 우리의 이름을 알고 계신다는 것입니다. 하나님이 우리에게 이름을 주셨다는 것은 하나님이 우리의 아버지가 되신다는 사실입니다.

하나님이 우리에게 이름을 주셨고 나의 이름을 부르셨습니다. 그러니 낙심하거나 염려하지 마십시오. 하나님이 나를 부르셨는데 누가 나를 위협할 수 있습니까? 삶의 자리, 가정, 일터에서 부르신 대로 하나님은 우리를 강하게 하심을 믿으십시오.

2. 속사람을 강건케 하시는 은혜

"그의 영광의 풍성함을 따라 그의 성령으로 말미암아 너희 속사람을 능력으로 강건하게 하시오며"(엡3:16).

사람에게는 겉사람과 속사람이 있다는 것을 알고 계십니까? 겉사람은 우리의 외모, 인간의 육신을 의미합니다. 그리고 육신을 따라, 육신의 필요를 따라 사는 삶도 의미합니다. 그렇다면 속사람은 무엇입니까? 우리의 영혼, 보이지 않는 심령입니다. 영적인 것을 통해 기쁨을 누리는 것이 바로 속사람입니다.

"그러므로 우리가 낙심하지 아니하노니 우리의 겉사람은 낡아지나 우리의 속사람은 날로 새로워지도다"(고후4:16).

어떻게 해야 속사람이 강해질 수 있을까요?

"믿음으로 말미암아 그리스도께서 너희 마음에 계시게 하시옵고 너희가 사랑 가운데서 뿌리가 박히고 터가 굳어져서"(엡3:17).

그리스도께서 우리 마음에 계셔야 합니다. 사람은 마음이 가는 대로 행동하고 마음먹은 대로 판단합니다. 그러므로 예수님이 내 마음에 계셔야 예수님의 뜻대로 행동하고 생각하며 삶의 모든 부분을 주님과 함께 하는 삶, 즉 속사람이 날로 강해지는 삶을 살 수 있습니다.

우리가 살아있는 동안 속사람과 겉사람은 분리되어 있지 않고 함께 살아가고 있습니다. 그래서 속사람이 강건한 영적인 사람은 영이 육신을 지배하는 영적인 삶을 살아가게 됩니다.

3. 사랑으로 충만케 하시는 은혜

"그 너비와 길이와 높이와 깊이가 어떠함을 깨달아 하나님의 모든 충만하신 것으로 너희에게 충만하게 하시기를 구하노라"(엡3:19).

사랑은 사람을 담대하게 만들기도 하고 사람을 강하게 만드는 힘이 있습니다. 그런데 오늘 성경에는 누가 우리를 사랑한다고 말씀합니까?

"능히 모든 성도와 함께 지식에 넘치는 그리스도의 사랑을 알고"(엡3:18).

'지식에 넘치는 그리스도의 사랑'은 무슨 뜻일까요? 사람의 생각과 이해력과 한계를 넘어서는 측량할 수 없는 사랑, 인간의 지식으로는 도무지 설명할 수 없는 초월적인 사랑으로 주님이 우리를 사랑하신다는 것입니다.

사람이 왜 연약해집니까? 왜 자신에 대해 실망하게 됩니까? 아무도 나를 사랑해 주지 않는 것 같기 때문에 그렇습니다. 그러나 예수님은 십자가에서 자신의 목숨을 바치면서까지 우리를 사랑하셨습니다. 내가 연약해질 때 반드시 기억하세요. 주님은 우리를 사랑하십니다.

바울은 예수님의 사랑의 너비와 길이와 높이와 그 깊이가 얼마나 큰지 알아야 한다고 권면합니다. 주님의 사랑이 얼마나 충만한지를 우리가 깨달으면 우리를 강하게 하시는 하나님의 은혜를 알게 되기 때문입니다. 우리를 강하게 하시는 주님의 사랑으로 모든 연약함을 물리치고 강함으로 승리하는 성도가 되기 바랍니다.

[피드백]

빈칸에 알맞은 단어는 무엇입니까?

1. "너는 내일 일을 ______하지 말라 하루 동안에 무슨 일이 일어날는지 네가 알 수 없음이니라"(잠27:1).

2. "그러므로 우리가 낙심하지 아니하노니 우리의 ______은 낡아지나 우리의 ______은 날로 새로워지도다"(고후4:16).

3. "그 너비와 길이와 높이와 깊이가 어떠함을 깨달아 하나님의 모든 ______하신 것으로 너희에게 ______하게 하시기를 구하노라"(엡3:19).

[나눔과 적용]

1. 우리 이름을 부르시는 하나님의 은혜로 내면의 열등감을 극복한 경험이 있다면 나누어 봅시다.

2. 예수님을 우리 마음에 두는 가운데 속사람이 강건해진 경험이 있다면 함께 나누어 봅시다.

3. 우리가 연약할 때, 예수님의 사랑의 충만함으로 심령이 담대해진 경험이 있다면 나누어 봅시다.

4. 말씀을 통해 새롭게 깨닫게 되었거나 받은 은혜를 나누어 봅시다.

제22주
넘치게 하시는 은혜

♣ **예배 가이드:** 부족함이 없이 넘치게 하시는 하나님의 은혜를 깨달아 감사가 넘치는 삶을 살아가는 성도가 됩시다.

■ **본문:** 고린도후서 9장 6~12절

■ **찬송:** 38장, 289장

■ **요절**

"하나님이 능히 모든 은혜를 너희에게 넘치게 하시나니 이는 너희로 모든 일에 항상 모든 것이 넉넉하여 모든 착한 일을 넘치게 하게 하려 하심이라"(고후9:8)

한국인에게는 '정'이라는 문화가 있습니다. 이 말을 들으면 먼저 무엇이 느껴지십니까? 바로 넉넉함입니다. 인색한 것은 정이 아닙니다. 음식을 준비하면서 넉넉하게 준비하고, 시장에서 물건을 살 때 조금 더 얹어주는 것, 식탁에서 음식을 먹으면서 더 먹으라고 권하는 것, 누군가에게 도움을 받았다면 함께 베푸는 것입니다.

우리 하나님은 인색하게 계산하며 따지시는 분이 아니라 넉넉하신 하나님, 풍성하신 하나님, 정이 넘치시는 하나님이십니다. 풍성하신 하나님은 우리에게 넘치는 은혜를 베풀어 주시는 분이심을 믿으시기 바랍니다.

1. 결실이 넘치게 하시는 은혜

"이것이 곧 적게 심는 자는 적게 거두고 많이 심는 자는 많이 거둔다 하는 말이로다"(고후9:6).

여기에서 '적게 심는 자'와 '많이 심는 자'란 심는 것의 정도와 양을 말하는 것이 아니라 심는 자의 마음과 자세를 의미하고 있습니다. '적게'는 원어의 뜻이 '절약해서, 아껴서'입니다. 반대로 '많이'는 원어의 뜻이 '축복, 좋은, 찬양하다'입니다. 적게 심는 자는 아껴서 심은 것이고, 많이 심는 자는 기쁨으로 심었다, 가장 좋은 것으로 심었다, 축복을 사모하며 심었다의 뜻입니다.

"각각 그 마음에 정한 대로 할 것이요 인색함으로나 억지로 하지 말지니 하나님은 즐겨 내는 자를 사랑하시느니라"(고후9:7).

헌금에 대해 가장 많은 오해를 가진 말씀이 바로 이 말씀입니다. '즐겨 내는 자를 사랑하신다'는 말은 많이 내는 자를 사랑하신다는 것이 아니라 기쁨으로 내고, 즐거움으로 내는 자를 사랑하신다는 뜻입니다.

하나님의 넘치는 은혜를 얻는 시작은 하나님 앞에 기쁨으로 심는 성도가 되는 것입니다. 그것이 물질이 될 수 있고, 시간, 재능과 헌신이 될 수 있습니다. 무엇이든지 우리는 기쁨으로 심어야 합니다. 가진 것이 적어서 어쩔 수 없이 적게 심는 것과 마음이 없어서 적게 심는 것은 완전히 다른 것입니다. 하나님 앞에 기쁨으로 심는 자, 그 풍성한 은혜를 구하며 심는 자에게 반드시 넘치는 기쁨과 축복으로 채워주실 줄 믿습니다.

2. 모든 것에 넘치게 하시는 은혜

"하나님이 능히 모든 은혜를 너희에게 넘치게 하시나니 이는 너희로 모든 일에 항상 모든 것이 넉넉하여 모든 착한 일을 넘치게 하게 하려 하심이라"(고후9:8).

우리 삶에 필요한 넉넉함, 충만함은 바로 하나님의 은혜의 충만함입니다. 우리 삶에 모든 것이 갖추어져 있고, 모든 것을 이루었다 해도 하나님의 은혜가 없다면 그 사람은 가장 궁핍한 사람, 가장 불쌍한 사람이 되는 것입니다.

"우리는 그리스도 안에서 그의 은혜의 풍성함을 따라 그의 피로 말미암아 속량 곧 죄사함을 받았느니라"(엡1:7).

하나님의 은혜의 풍성함의 결과는 바로 죄사함입니다. 하나님과의 관계가 회복되었음을 말하는 것입니다. 그리고 은혜가 내 안에 있으면 모든 것에 담대할 수 있습니다. 삶의 물질의 부족함도, 건강의 부족함도, 내 인생 앞길의 연약함과 부족함도 넘치는 하나님의 은혜만 있다면 감당할 힘을 주심을 믿으시기 바랍니다.

3. 감사를 넘치게 하시는 은혜

"너희가 모든 일에 넉넉하여 너그럽게 연보를 함은 그들이 우리로 말미암아 하나님께 감사하게 하는 것이라"(고후9:11).

우리 그리스도인들이 복을 받고 잘 되어야 하는 이유는 우리를 통해 믿지 않는 자들이 하나님의 은혜를 입고 그들이 복을 받아 하나님께 감사하게 하기 위함입니다. 교회에 넘치는 하나님의 은혜가 임해야 하는 이유가 무엇입니까? 우리 교회를 통해 지역사회가 복을 받고, 교회의 섬김과 헌신을 통해 믿지 않는 자들이 주님을 만나는 영생의 축복을 얻기 위해서 교회는 더욱 부흥해야 하고 더욱 풍성함으로 베풀어야 합니다.

"이 봉사의 직무가 성도들의 부족한 것을 보충할 뿐 아니라 사람들이 하나님께 드리는 많은 감사로 말미암아 넘쳤느니라"(고후9:12).

감사는 더 큰 감사로 채우는 것입니다. 내가 하나님께 감사로 헌신하고, 감사로 봉사하고, 감사로 섬길 때 하나님은 우리의 감사를 통해 더 큰 감사, 더 풍성한 감사를 이루어주심을 믿으시기 바랍니다. 넘치게 하시는 은혜의 풍성함으로 더 큰 감사를 누리며 살아가는 성도가 되기 바랍니다.

[피드백]
빈칸에 알맞은 단어는 무엇입니까?

1. "각각 그 마음에 정한 대로 할 것이요 _____으로나 _____로 하지 말지니 하나님은 즐겨 내는 자를 사랑하시느니라"(고후9:7).

2. "우리는 그리스도 안에서 그의 _____의 풍성함을 따라 그의 피로 말미암아 _____ 곧 죄사함을 받았느니라"(엡1:7).

3. "이 봉사의 _____가 성도들의 부족한 것을 _____할 뿐 아니라 사람들이 하나님께 드리는 많은 _____로 말미암아 넘쳤느니라"(고후9:12).

[나눔과 적용]

1. 우리의 사역의 모습은 벼락치기인지 아니면 심은 대로 거두는 농사의 법칙을 따르고 있는지 생각해 봅시다.

2. 하나님의 은혜가 넘침으로 말미암아 모든 것이 넉넉해지는 경험을 했다면 함께 나누어 봅시다.

3. 우리의 사역으로 우리와 지역 사회에 하나님을 향한 감사가 넘치고 있는지 함께 나누어 봅시다.

4. 말씀을 통해 새롭게 깨닫게 되었거나 받은 은혜를 나누어 봅시다.

제23주
자라게 하시는 은혜

♣ **예배 가이드:** 그리스도의 장성한 분량에 이르기까지 계속해서 믿음이 성장하고 선한 열매를 맺는 성도가 됩시다.

■ **본문:** 고린도전서 3장 5~9절

■ **찬송:** 310장, 591장

■ **요절**

"나는 심었고 아볼로는 물을 주었으되 오직 하나님께서 자라나게 하셨나니"(고전3:6)

지금 당신의 성장은 멈춰있습니까? 아니면 아직도 자라고 있습니까? 성장한다는 것, 키가 자라든 사람의 마음과 생각이 자라든 성장한다는 것은 중요한 것입니다. 사람의 신체뿐 아니라 가정도 건강하게 자라야 하고 우리의 삶도 나아져야 하고 나라와 사회도 성장과 발전을 해야 합니다.

우리의 신앙도 마찬가지입니다. 성경은 우리에게 그리스도의 장성한 분량까지 자라나라고 말씀합니다. 자라게 하시는 은혜는 어떤 은혜일까요?

1. 예수님 안에 거하는 은혜

"그런즉 아볼로는 무엇이며 바울은 무엇이냐 그들은 주께서 각각 주신대로 너희로 하여금 믿게 한 사역자들이니라"(고전3:5).

아볼로는 누구일까요? 알렉산드리아에서 온 유대인으로 헬라 문화와 히브리 문화에 능하고 유능한 성경학자였기에 그가 하나님의 말씀을 가르칠 때 수많은 사람들이 말씀을 깨닫고 예수님을 믿게 되었습니다. 바울이 고린도 교회를 개척한 목사님이었다면 아볼로는 유능한 부흥사로 고린도 교회를 부흥시킨 목사님이셨던 것입니다.

그런데 지금 고린도 교회가 두 파로 나누어 쪼개지는 지경에 이르렀습니다. 왜 이런 일이 생겼을까요? 그들이 바울도 알고, 아볼로도 알았지만 가장 중요한 예수 그리스도에 대해서는 알지 못했고 이것이 그들의 믿음이 성장하지 못했던 이유입니다.

아무리 좋은 말씀을 듣고 아무리 다양한 은사와 실력을 갖추었다 해도 예수 안에 속하지 않고 예수 안에 거하지 않으면 건강하게 성장하지 못합니다. 신앙생활, 믿음생활을 하는 것은 사람이나 환경 때문이 아니라 시작부터 끝까지 예수님 안에 있어야 하는 것입니다.

2. 자라게 하시는 은혜

"나는 심었고 아볼로는 물을 주었으되 오직 하나님께서 자라나게 하셨나니"(고전3:6).

식물을 심는 것보다 중요한 것은 결실이 맺도록 잘 자라게 하는 것입니다. 사람들은 누가 자라게 하는지는 생각하지 않고 누가 처음 씨를 뿌렸는가, 누가 물을 주었는가만 생각하고 있습니다. 사람은 자신이 처음 시작하고 수고했고 노력했으니까 그 결과로 결실, 결과를 얻었다고 생각합니다. 아닙니다. 하나님이 도와주지 않으시면, 하나님이 자라게 하지 않으셨다면 우리는 아무것도 이룰 수 없는 연약한 존재라는 사실을 기억해야 합니다.

"그런즉 심는 이나 물 주는 이는 아무것도 아니로되 오직 자라게 하시는 이는 하나님뿐이니라"(고전3:7).

놀라운 것은 하나님의 능력을 인정하고 하나님의 은혜를 삶 속에 구하는 자에게 하나님은 계속해서 성장하고 자라게 하신다는 것입니다. 씨를 뿌리는 것, 물을 주는 것은 잠깐이지만 자라게 하는 것은 계속되어야 하고 열매를 맺을 때까지 관리하는 것이기에 훨씬 더 힘든 것입니다. 이 수고를 하나님이 하고 계심을 분명히 알아야 합니다.

3. 결실을 맺게 하시는 은혜

"심는 이와 물 주는 이는 한 가지이나 각각 자기가 일한 대로 자신의 상을 받으리라"(고전3:8).

하나님은 왜 우리를 자라게 하실까요? 우리로 열매를 맺게 하기 위함입니다. '각각 자기가 일한 대로 자신의 상을 받으리라' 복음을 심은 자나 말씀으로 물을 주는 자나 그 복음과 말씀을 받아 자라는 사람이나 각각 자기가 수고한 대로, 일한 대로 결실을 얻게 된다는 것입니다.

"우리는 하나님의 동역자들이요 너희는 하나님의 밭이요 하나님의 집이니라"(고전3:9).

하나님의 밭은 일하는 일터요, 하나님의 집은 하나님께 영광 돌리는 자들을 뜻합니다. 우리가 하나님의 밭이 되고 그 밭에서 풍성한 결실을 맺는 자들이 되며 하나님의 집이 되어 내 삶속에서 하나님의 영광을 드러내는 열매를 거두는 자들이 된다면 하나님은 우리를 계속해서 자라게 하심을 믿으시기 바랍니다.

건강하게 자라는 자녀들은 키만 커지고 몸만 커지는 것이 아니라 부모의 기쁨이 되는 자녀, 가정을 세우는 자녀가 됩니다. 마찬가지로 건강하게 자라는 성도는 자신만 자라는 것이 아니라 하나님의 기쁨이 됩니다. 하나님께 영광을 돌리는 성도, 우리의 삶을 통해 하나님의 이름이 높아지는 성도가 되길 바랍니다.

[피드백]

빈칸에 알맞은 단어는 무엇입니까?

1. "나는 심었고 아볼로는 물을 주었으되 오직 하나님께서 ______ 하셨나니"(고전3:6).

2. "심는 이와 물주는 이는 _ 가지이나 각각 자기가 일한 대로 자신의 ___을 받으리라"(고전3:8).

3. "우리는 하나님의 동역자들이요 너희는 하나님의 ___이요 하나님의 ___이니라"(고전3:9).

[나눔과 적용]

1. 사람과 환경을 따라 흔들리지 않고, 예수님 안에 믿음의 뿌리를 내리고 있는지 생각해 봅시다.

2. 섬기는 중에 우리의 충성과 수고가 아니라 하나님께서 자라게 하셨다고 고백하고 있는지 생각해 봅시다.

3. 자라게 하시는 은혜를 힘입어 맺은 삶의 진실된 열매가 있다면 함께 나누어 봅시다.

4. 말씀을 통해 새롭게 깨닫게 되었거나 받은 은혜를 나누어 봅시다.

제24주
회복하시는 은혜

♣ **예배 가이드:** 마음의 상처와 인생의 문제 속에서 절망하지 말고, 회복케 하시는 하나님의 은혜로 일어서는 성도가 됩시다.

■ **본문**: 하박국 3장 1~6절

■ **찬송**: 268장, 405장

■ **요절**

"여호와여 내가 주께 대한 소문을 듣고 놀랐나이다 여호와여 주는 주의 일을 이 수년 내에 부흥하게 하옵소서 이 수년 내에 나타내시옵소서 진노 중에라도 긍휼을 잊지 마옵소서"(합3:2)

'회복'은 영어로 'Restoration'이라고 하고 사전적 의미가 '원래의 상태로 돌아가는 것, 원래의 상태를 되찾게 되는 것'입니다. 우리 마음의 상처, 인생의 문제는 그냥 내버려두거나 시간이 지난다고 회복할 수 있는 게 아닙니다. 오직 주님만이 우리를 회복하게 하시는 분이심을 믿기 바랍니다.

1. 부흥케 하시는 은혜

"여호와여 내가 주께 대한 소문을 듣고 놀랐나이다 여호와여 주는 주의 일을 이 수년 내에 부흥하게 하옵소서 이 수년 내에 나타내시옵소서 진노 중에라도 긍휼을 잊지 마옵소서"(합3:2).

'부흥한다, 부흥하자'라는 말을 숫자가 많아지는 것, 그 영향력과 크기가 커지는 것이라고 생각하지만 원래 뜻은 '살아나자, 회복하자'의 의미입니다. 그렇다면 언제 부흥이 필요합니까? 회복이 필요한 순간, 정체되고 낙심과 절망 가운데 있을 때입니다. 부흥은 한 번의 사건이 아니라 현재진행형입니다. 과거에 부흥했다는 것은 이미 침체가 시작된 것입니다. 계속해서 완성해 나가는 것이 바로 부흥입니다.

지금 이스라엘은 북왕국 이스라엘이 앗수르에게 멸망당한 지 오래되었고 남왕국 유다마저 바벨론이라는 거대한 제국이 침략하러 오기 직전입니다. 그런데 이스라엘 백성들은 여전히 우상을 섬기고 죄 가운데 살고 있어 자신들이 위기 상황 속에 있다는 것을 전혀 인식하지 못하고 있습니다.

부흥의 시작은 깨어나는 것입니다. 지금 나의 영적인 상태를 진단하고 파악해서 어디에서부터 떨어졌는지 분명히 알아야 다시 부흥할 수 있습니다. 회복을 구하는 외치는 기도를 하십시오. 하나님께 다시 부흥케 해달라고 기도해야 합니다. 그럴 때 하나님은 반드시 우리를 회복시켜 주십니다.

2. 영광으로 덮으시는 은혜

"하나님이 데만에서부터 오시며 거룩한 자가 바란 산에서부터 오시는도다 그의 영광이 하늘을 덮었고 그의 찬송이 세계에 가득하도다"(합3:3).

'데만'이라는 곳은 에돔의 북쪽에 있는 성이고, '바란 산'은 애굽 서쪽에 있는 산입니다. 데만과 바란 산은 이스라엘에서 눈으로 볼 수 있는 곳이 아닙니다. 지금 하박국 선지자는 영으로 느끼고 있는 것입니다. 그 먼 곳에서부터 하나님이 점점 자신들에게 다가오신다는 것입니다.

'그의 영광이 하늘을 덮었고' 모든 것이 하나님의 영광의 지배를 받고 있다는 것입니다. '영광'을 영어로 'splendor' 그 뜻은 '존귀, 위엄, 아름다움, 영광'입니다. 측량하지 못할 하나님의 능력을 뜻합니다. 우리의 문제를 우리의 힘으로 덮으려고 하지 마십시오. 내 능력으로 덮는다고 해결되지 않습니다. 오직 하나님의 영광으로 덮으려고 해야 합니다. 우리의 삶에 하나님의 영광을 사모하고 그 능력을 나타내 달라고 간구해야 합니다.

그리고 하나님의 영광이 나타나는 곳에는 찬송이 가득하게 됩니다. 여기의 '찬송'은 그저 우리가 부르는 노래만을 의미하는 것이 아닙니다. 하나님께 감사하는 것, 하나님의 이름을 경배하는 것, 하나님을 기뻐하는 모든 것들이 바로 하나님을 찬양하는 것입니다.

3. 산들이 낮아지는 은혜

"그가 서신즉 땅이 진동하며 그가 보신 즉 여러 나라가 전율하며 영원한 산이 무너지며 무궁한 작은 산이 엎드러 지나니 그의 행하심이 예로부터 그러하시도다"(합3:6).

우리 인생의 문제를 산으로 비유해서 말할 때가 있습니다. 그 산을 정복하는 방법은 무엇일까요? 산이 내 발 아래에 있으면 됩니다. 문제는 산이 높아서 내 힘으로는 올라가기가 너무 어렵다, 내 자신이 초라하다고 느끼는 것입니다. 그런데 그 산이 낮아진다면, 내가 넉넉히 올라갈 수 있는 동산이 된다면 주저할 이유가 없습니다. 인간이 감당하지 못하고 정복하지 못하는 산이라도 하나님은 그것을 무너뜨리시는 하나님이심을 믿으시기 바랍니다.

눈앞에 보이는 태산 같은 문제를 어떻게 정복할지 걱정하며 내가 방법을 찾지 말고 그 산이 무너지게 해 달라고, 평지 같이 되게 해 달라고 하나님께 기도하기 바랍니다. 산이 낮아지면 정복하는 것은 시간문제입니다. 회복하는 것은 시간 문제입니다. 다시 회복하게 하시는 하나님의 놀라운 은혜를 경험하며 살아가기 바랍니다.

[피드백]
빈칸에 알맞은 단어는 무엇입니까?

1. "여호와여 내가 주께 대한 소문을 듣고 놀랐나이다 여호와여 주는 주의 일을 이 수년 내에 부흥하게 하옵소서 이 수년 내에 나타내시옵소서 ____중에라도 ____을 잊지 마옵소서"(합3:2).

2. "하나님이 데만에서부터 오시며 거룩한 자가 바란 산에서부터 오시는도다 그의 ____이 하늘을 덮었고 그의 ____이 세계에 가득하도다"(합3:3).

3. "그의 광명이 ____ 같고 광선이 그의 손에서 나오니 그의 ____이 그 속에 감추어졌도다"(합3:4).

[나눔과 적용]

1. 각 가정과 교회와 민족의 회복과 부흥을 위하여 기도하고 있는지 생각해 봅시다.

2. 하나님의 임재의 영광으로 덮어주사 회복하게 된 경험이 있다면 나누어 봅시다.

3. 건강과 물질과 자녀와 진로라는 산을 만났으나 그 산이 낮아지는 은혜를 경험했다면 나누어 봅시다.

4. 말씀을 통해 새롭게 깨닫게 되었거나 받은 은혜를 나누어 봅시다.

제25주
자유케 하시는 은혜

♣ **예배 가이드:** 우리를 자유케 하시는 진리의 말씀을 믿고, 모든 매임에서부터 자유함을 얻고 살아가는 성도가 됩시다.

■ **본문:** 요한복음 8장 31~36절

■ **찬송:** 285장, 419장

■ **요절**

"진리를 알지니 진리가 너희를 자유롭게 하리라"(요8:32)

'자유'란 무엇일까요? 사전에서 말하기는 "외부적인 구속이나 무엇에 얽매이지 않고 자기 마음대로 할 수 있는 상태"라고 합니다.

본문에서 예수님이 말씀하시는 자유는 어떤 자유입니까? 모든 근심과 두려움, 죄의 매임에서부터 해방을 얻는 영적인 자유입니다. 모든 것을 표현할 수 있고, 모든 종교를 가질 수 있고, 모든 것을 누리며 살아가는 세상의 자유를 얻었다 해도 영적인 자유를 얻지 못한 자는 갇히고 매인 자로 살아가는 것입니다.

자유케 하시는 은혜는 어떤 은혜일까요?

1. 말씀 안에 있는 자유

"그러므로 예수께서 자기를 믿은 유대인들에게 이르시되 너희가 내 말에 거하면 참으로 내 제자가 되고"(요8:31).

하나님은 우리 안에 자유의지를 주셨습니다. 이 자유의지는 무엇입니까? 내 마음대로 하라는 것입니까? 아닙니다. 하나님의 뜻을 분별하라는 것이 자유의지입니다. 성도는 하나님의 뜻을 분별하고 하나님의 말씀에 순종하는 자유의지, 자발적인 선택이 있어야 합니다.

마지막 때에 사탄은 믿음의 성도들이 영적 분별력을 잃어버리게 만듭니다. 우리가 영적으로 깨어 있고 하나님의 뜻을 올바르게 분별하기 위해 주님은 그 해답을 말씀하십니다. '너희가 내 말에 거하면' 한번 듣고 끝나는 것이 아니라 계속해서 주님의 말씀이 우리 안에 거하는 것, 그 말씀을 실천하고 기억하고 선택의 길잡이가 되게 하는 것이 바로 우리를 자유케 한다는 것입니다.

그런데 오늘날 그리스도인들 중에도 주님의 말씀 안에 거하는 자유함을 경험하지 못한 사람들이 있습니다. 오히려 그리스도인의 삶은 구속된 삶이라고 생각합니다. 아닙니다. 주님은 아무것도 염려하지 말라고 하셨고, 두려워하지 말라, 주님께 믿고 맡기라고 하셨는데 모든 것을 염려하고, 두려워하고 내가 책임지려 합니다. 말씀으로 자유함을 얻는 성도, 말씀이 능력이 되는 성도가 되기 바랍니다.

2. 예수 안에 있는 자유

"진리를 알지니 진리가 너희를 자유롭게 하리라"(요8:32).

그렇다면 진리는 무엇입니까? 불교의 창시자인 싯다르타는 결국 깨달음이 진리라고 해서 명상을 선택하게 됩니다. 이슬람에서는 모든 신념과 실천이 진리라고 해서 그들이 지키는 5가지 의무를 다하면 진리에 이른다고 믿습니다. 철학자인 소크라테스는 너 자신을 알라는 말로 자기 자신을 자각하는 것이 진리라고 말합니다. 수많은 사람들이 진정한 자유함을 얻기 위해 진리를 찾았지만 결국 참자유를 주는 진리를 찾지 못했습니다.

그러나 성경은 분명한 해답을 주고 있습니다. 오직 예수 그리스도만이 진리이며 그 진리가 우리를 자유케 한다는 사실입니다.

"이는 그리스도 예수 안에 있는 생명의 성령의 법이 죄와 사망의 법에서 너를 해방하였음이라"(롬8:2).

예수님을 만난 사람들에게 일어난 변화는 그들이 자유함을 얻게 되고 인생의 해답을 얻게 된 것입니다. 인생의 문제 앞에 해답은 예수님께 있습니다. 주님께 나와 기도하세요. 진리 되신 주님이 반드시 응답하시며 우리를 자유케 하실 것입니다.

3. 은혜 안에 있는 자유

"그러므로 아들이 너희를 자유롭게 하면 너희가 참으로 자유로우리라"(요8:36).

율법은 행위로 죄를 짓든 마음으로 죄를 짓든 실수로 죄를 짓든 죄를 지으면 죄인이고 그 죄의 삯을 감당해야 했습니다. 그래서 율법은 사람을 매이게 만들고 구속하게 만들며 율법 앞에서는 죄의 문제를 해결할 수 없었습니다.

"그리스도 예수 안에 있는 속량으로 말미암아 하나님의 은혜로 값없이 의롭다 하심을 얻은 자 되었느니라"(롬3:24).

율법은 우리를 속박하지만 하나님은 오직 그 분의 은혜로 우리에게 자유를 주셨습니다. 주님 앞에 우리의 모든 매임을 풀어달라고 내어놓고 기도하기 바랍니다. 예수님은 은혜로 우리를 용서하시고 은혜로 우리를 풀어주십니다. 우리를 자유케 하시는 하나님의 놀라운 은혜 안에 거하는 성도가 되기 바랍니다.

[피드백]

빈칸에 알맞은 단어는 무엇입니까?

1. “______를 알지니 ______가 너희를 자유롭게 하리라”(요8:32).

2. “이는 그리스도 예수 안에 있는 ______의 성령의 법이 죄와 ______의 법에서 너를 해방하였음이라”(롬8:2).

3. “그리스도 예수 안에 있는 ______으로 말미암아 하나님의 ______로 값없이 의롭다 하심을 얻은 자 되었느니라”(롬3:24).

[나눔과 적용]

1. 자유의지로 영적인 분별력을 행하여 말씀 안에 거하는 자유를 누리고 있는지 생각해 봅시다.

2. 진리이신 예수님을 앎으로 인생의 문제에 해답을 얻게 된 경험이 있다면 나누어 봅시다.

3. 하나님의 은혜를 힘입어 죄의 문제와 율법적인 생활에서 자유하게 되었다면 나누어 봅시다.

4. 말씀을 통해 새롭게 깨닫게 되었거나 받은 은혜를 나누어 봅시다.

제26주
사막에 샘이 넘쳐 흐르리라

♣ **예배 가이드:** 축복의 샘이 되시는 주님을 의지하여 메마르고 황폐한 삶 속에서 오직 기도와 간구로 채우시는 주님을 경험하는 성도가 됩시다.

■ **본문:** 이사야 58장 9~12절

■ **찬송:** 93장, 365장

■ **요절**

"여호와가 너를 항상 인도하여 메마른 곳에서도 네 영혼을 만족하게 하며 네 뼈를 견고하게 하리니 너는 물 댄 동산 같겠고 물이 끊어지지 아니하는 샘 같을 것이라"(사58:11)

사람이 살 수 없는 사막에도 사람들이 모여 사는 곳이 있습니다. 물이 있는 오아시스입니다. 그곳에는 나무가 자라고 동물들과 사람들이 모여 살아갑니다. 사막길을 걸어가는 사람에게 희망의 장소는 물이 있는 오아시스입니다. 이 오아시스에서 물이 끊어지지 않고 넘치게 된다면 그곳은 더 이상 사막이 아니라 사람들이 모여 사는 축복의 자리가 됩니다. 진정한 복은 하나님으로부터 받는 것입니다. 그렇다면 하나님이 베풀어 주시는 축복은 무엇일까요?

1. 기도에 응답하시는 하나님

"네가 부를 때에는 나 여호와가 응답하겠고 네가 부르짖을 때에는 내가 여기 있다 하리라"(사58:9).

우리에게 주신 하나님의 축복은 무엇입니까? 하나님께서 우리의 기도에 응답하신다는 사실입니다. 사람은 소통할 때 기쁨을 누리고 만족을 누립니다. 하나님의 백성인 우리들은 누구보다 하나님과 소통이 이루어져야 합니다. 하나님과 소통이 끊어지는 것은 인간에게는 가장 큰 고통입니다.

'응답하다'라는 말은 원어로 '아나'라고 하고 영어로는 'Answer'과 'respond'입니다. 이는 아이가 엄마를 부르면 여기 있다고 단순히 어머니의 존재를 나타내는 것과 아이가 넘어졌을 때 엄마를 부르면 엄마의 응답은 여기에 있다 에서 그치지 않고 달려가 아이를 일으켜 세워준다는 의미도 가지고 있는 것입니다.

하나님의 응답은 무엇입니까? 우리가 기도하며 하나님을 부를 때에 하나님이 우리와 함께 하심, 하나님의 임재를 경험하게 됩니다. 그리고 하나님의 존재를 느끼는 것 뿐만 아니라 해결해 주시는 분이심을 믿으시기 바랍니다. 그래서 우리가 인생의 문제를 만날 때 누구로부터 답을 얻어야 합니까? 하나님으로부터 답을 얻는 것입니다. 인생에 어떤 문제가 있다 해도 주님께 기도하는 자, 부르짖는 자에게 하나님은 반드시 응답하시고 답을 주심을 믿으시기 바랍니다.

2. 축복의 샘이 흐르게 하시는 하나님

"여호와가 너를 항상 인도하여 메마른 곳에서도 네 영혼을 만족하게 하며 네 뼈를 견고하게 하리니 너는 물 댄 동산 같겠고 물이 끊어지지 아니하는 샘 같을 것이라"(사58:11).

같은 물이지만 고여있는 물이 있고 흐르는 물이 있습니다. 고여있는 물에는 물고기도 없고 사람이 살 수 없습니다. 물은 흘러가야 하는 것입니다. 샘에서부터 솟아나는 물이 계속해서 흘러갈 때 사람이 살 수 있는 풍성한 축복을 받는 곳이 됩니다.

'메마른 곳'은 소망이 없는 말라버린 땅, 씨앗을 뿌려도 그 씨앗이 자라지 못하고 물을 부어도 그 물이 고이지 못하고 흡수되거나 증발하여 날아가버리는 땅, 아무것도 이루어지지 않는 땅을 의미합니다. 뿌린 대로 거두는 것이 아니라 뿌려도 아무것도 거두지 못하고 아무리 노력하고 힘을 다해도 사람의 방법으로는 불가능할 때 우리는 누구의 인도하심을 받아야 합니까? 하나님의 인도하심을 받아야 합니다.

그리고 하나님이 가끔 인도하시는 것이 아니라 항상 하나님이 인도하셔야 합니다. 축복 받는 성도의 삶을 보면 삶의 한순간도 하나님의 인도하심을 놓치지 않았음을 볼 수 있습니다. 그러기 위해 우리는 날마다 하나님이 인도하심을 구해야 합니다. 그럴 때 우리의 삶이 물 댄 동산이 되는 것이고 물이 끊어지지 않는 샘이 되는 것입니다.

3. 다시 세우시는 하나님

"네게서 날 자들이 오래 황폐된 곳들을 다시 세울 것이며 너는 역대의 파괴된 기초를 쌓으리니 너를 일컬어 무너진 데를 보수하는 자라 할 것이며 길을 수축하여 거할 곳이 되게 하는 자라 하리라"(사58:12).

하나님이 주시는 축복은 우리 안에만 머물러 있는 것이 복이 아닙니다. 나를 통해 생명이 살아나고, 내 환경이 살아나고, 내 주변이 살아나고, 많은 이들이 복을 받는 것이 하나님이 주시는 축복입니다.

축복의 지경이 넓어지는 복, 이것이 '거할 곳이 되게 하는 자'의 축복입니다. 그렇게 하기 위해서 황폐한 곳이 다시 살아나며 무너진 기초가 다시 쌓아져야 합니다. 이런 사람을 가리켜 '보수하는 자'라고 말씀합니다. 사명자는 어떤 사람입니까? 보수하는 사람입니다. 하나님의 뜻대로 회복하는 사람입니다. 내 삶에 절망적인 상황, 무너진 곳이 있다 해도 하나님께서 함께하시면 다시 회복시켜주실 것을 믿습니다. 무너진 것을 보수하여 다시 살게 하는 사명이 우리에게 있습니다. 다시 세우시는 하나님의 은혜를 경험하는 삶을 살아가기 바랍니다.

[피드백]
빈칸에 알맞은 단어는 무엇입니까?

1. "네가 ____ 때에는 나 여호와가 _____하겠고 네가 부르짖을 때에는 내가 여기 있다 하리라"(사58:9).

2. "_____ 자에게 네 심정이 동하며 괴로워하는 자의 심정을 만족하게 하면 네 빛이 흑암 중에서 떠올라 네 어둠이 ___과 같이 될 것이며"(사58:10).

3. "여호와가 너를 항상 _____하여 메마른 곳에서도 네 영혼을 _____하게 하며 네 뼈를 견고하게 하리니 너는 물 댄 동산 같겠고 물이 끊어지지 아니하는 __ 같을 것이라"(사58:11).

[나눔과 적용]

1. 주님께서 환난 중에 드리는 우리 기도에 반드시 응답하실 것을 믿으며 기도하는지 생각해 봅시다.

2. 메마른 땅을 물 댄 동산으로 바꾸시는 하나님의 인도하심으로 살아가고 있는지 함께 나누어 봅시다.

3. '거할 곳이 되게 하는 자'로 세우기 위해 주께서 우리에게 행하신 일들을 나누어 봅시다.

4. 말씀을 통해 새롭게 깨닫게 되었거나 받은 은혜를 나누어 봅시다.

[맥추감사주일]

제27주
감사의 시작

♣ **예배 가이드:** 감사로 시작하여 하나님을 신뢰하고 의지함으로 약속된 복을 얻는 성도가 됩시다.

■ **본문:** 잠언 3장 5~10절

■ **찬송:** 495장, 588장

■ **요절**

"네 재물과 네 소산물의 처음 익은 열매로 여호와를 공경하라"(잠3:9)

이스라엘 백성들이 400년간의 애굽 노예생활에서 벗어나 약속의 땅 가나안을 가기 위해 40년간 광야에서 살았습니다. 드디어 가나안 땅에 들어와 그 땅에 씨앗을 심었고 첫 수확을 거두어 하나님께 감사로 올려드린 날이 맥추절입니다.

세계적인 연설가인 지그 지글러는 "당신이 취할 수 있는 온갖 태도 중 감사가 삶을 가장 크게 변화시킨다"고 말했습니다.

첫 열매로 하나님께 감사하는 자에게 하나님은 삶을 풍성하게 채워주신다고 약속하십니다. 우리가 어떻게 해야 하나님이 받으시는 감사의 삶을 살아갈 수 있을까요?

1. 여호와를 신뢰하라

"너는 마음을 다하여 여호와를 신뢰하고 네 명철을 의지하지 말라"(잠3:5).

감사의 시작은 하나님을 신뢰하는 것입니다. 모든 것이 하나님으로부터 왔고, 모든 것이 하나님으로인해 이루어짐을 믿는 것입니다.

우리는 왜 하나님을 신뢰해야 할까요?

첫째, 하나님께서 모든 것을 창조하셨기 때문입니다.

"만물이 그로 말미암아 지은 바 되었으니 지은 것이 하나도 그가 없이는 된 것이 없느니라"(요1:3).

둘째, 하나님께는 불가능이 없기 때문입니다.

"예수께서 그들을 보시며 이르시되 사람으로는 할 수 없으나 하나님으로서는 다 하실 수 있느니라"(마19:26).

셋째, 하나님은 모든 계획을 가지고 계십니다.

"사람의 마음에는 많은 계획이 있어도 오직 여호와의 뜻만이 완전히 서리라"(잠19:21).

사람을 신뢰하면 감사의 대상이 사람이 되고, 물질을 신뢰하면 물질이 나의 감사의 대상이 됩니다. 오직 하나님만 신뢰할 때 우리는 감사할 수 있습니다.

2. 여호와를 경외하라

"스스로 지혜롭게 여기지 말지어다 여호와를 경외하며 악을 떠날지어다"(잠3:7).

어떤 사람이 감사의 반대말을 무엇일까 고민하다가 '당연히 여기는 것'이라고 정의하게 되었다고 합니다. 오른팔을 다쳐서 깁스를 하게 되니 모든 것이 다 불편하게 되었습니다. 젓가락질을 제대로 할 수 없으니 밥도 제대로 먹을 수가 없고, 운전도 할 수 없고, 컴퓨터 키보드를 두드리는 것도 불편하고 이제껏 당연하다고 생각하고 살았던 것이 당연한 게 아니라는 것을 깨닫게 되니 비로소 감사를 배우게 된 것입니다.

그렇다면 어떤 사람이 하나님을 경외하지 않는 사람, 감사하지 않는 사람입니까? '스스로 지혜롭게 여기는 자' 즉 교만한 자입니다. 내 삶에 당연한 것은 아무 것도 없고 모든 것이 하나님의 은혜요, 모든 것이 하나님으로부터 온 것이라고 고백할 때 하나님은 우리에게 어떤 복을 주십니까?

"이것이 네 몸에 양약이 되어 네 골수를 윤택하게 하리라"(잠3:8).

감사하면 하나님이 건강을 주십니다. 감사하면 젊어집니다. 반대로 교만하면 늙습니다. 교만하면 자꾸 병듭니다. 건강하고 싶고 회복하고 싶으면 감사를 시작하시기 바랍니다.

3. 여호와를 공경하라

"네 재물과 네 소산물의 처음 익은 열매로 여호와를 공경하라"(잠3:9).

이스라엘 백성들의 첫 열매는 자신들의 것이 아니라 하나님의 것이었습니다. 변하지 않는 분명한 한 가지는 하나님만이 우리 감사를 받으실 대상이시며 최고의 것, 최선의 것은 하나님께 드리는 것입니다. 이것이 여호와를 공경하는 것입니다. 우리가 가진 최고의 것은 무엇입니까? 바로 우리 자신입니다.

"그러므로 형제들아 내가 하나님의 모든 자비하심으로 너희를 권하노니 너희 몸을 하나님이 기뻐하시는 거룩한 산 제물로 드리라 이는 너희가 드릴 영적 예배니라"(롬12:1).

나의 삶의 중심, 나의 삶의 가장 우선순위를 하나님께 드리라고 말씀합니다.

"그리하면 네 창고가 가득히 차고 네 포도즙 틀에 새 포도즙이 넘치리라"(잠3:10).

감사의 시작은 하나님만 공경하는 것입니다. 인간의 도리가 부모를 공경하는 것이라면 성도의 도리는 하나님을 공경하는 것입니다. 하나님께 가장 좋은 것을 드리기 바랍니다. 감사로 시작하여 감사로 맺는 삶을 살기 바랍니다.

[피드백]

빈칸에 알맞은 단어는 무엇입니까?

1. "만물이 그로 말미암아 지은 바 되었으니 ____ 것이 하나도 그가 _____는 된 것이 없느니라"(요1:3).

2. "이것이 네 몸에 ____이 되어 네 골수를 ____하게 하리라"(잠3:8).

3. "그러므로 형제들아 내가 하나님의 모든 _____하심으로 너희를 권하노니 너희 몸을 하나님이 기뻐하시는 거룩한 산 _____로 드리라 이는 너희가 드릴 영적 ____니라"(롬12:1).

[나눔과 적용]

1. 불가능한 일이 없으시고 모든 계획을 주관하시는 하나님을 신뢰함으로 감사하는지 생각해 봅니다.

2. 당연하게 여기던 것을 당연히 여기지 않음으로 감사를 회복한 경험이 있다면 함께 나누어 봅시다.

3. 인생의 가장 중요한 것, 첫 번째 것으로 하나님께 드리고 있는지 생각해 봅시다.

4. 말씀을 통해 새롭게 깨닫게 되었거나 받은 은혜를 나누어 봅시다.

제28주
슬픔과 이별하기

♣ **예배 가이드:** 슬픔 중에 하나님의 뜻하심이 있음을 믿고 위로와 은혜를 얻는 성도가 됩시다.

■ **본문:** 고린도후서 7장 5~11절

■ **찬송:** 89장, 407장

■ **요절**

"그러나 낙심한 자들을 위로하시는 하나님이 디도가 옴으로 우리를 위로하셨으니"(고후7:6)

살다 보면 슬픔이라는 것이 찾아올 때가 있습니다. '슬픔'을 의미하는 영어 단어에 'Grief'라는 단어가 있는데 이 말은 '무겁다'라는 말의 'Gref'라는 단어에서 왔다고 합니다. 그래서 슬픔은 곧 '무겁다'라고 느끼는 것 같습니다. 슬픔이 찾아오면 그 무게가 얼마나 무거운지 내 안에 있는 기쁨도, 소망도, 삶의 의욕, 먹고자 하는 식욕도 다 내보내 버립니다. 그리고 슬픔이 깊어지면 병이 되기도 합니다. 우울, 공황장애와 같은 정신적인 병, 또 병이 깊어지면 육신의 병으로 찾아오기도 합니다. 성도가 깊은 슬픔에 빠지면 하나님에 대한 믿음이 흔들리게 되기도 합니다.

그런데 오늘 성경에는 하나님이 우리에게 주시는 슬픔이 있고, 그 슬픔에 목적이 있음을 말씀합니다.

1. 슬픔에는 하나님의 위로하심이 있습니다

"그러나 낙심한 자들을 위로하시는 하나님이 디도가 옴으로 우리를 위로

하셨으니"(고후7:6).

여기서 낙심한 자들, 즉 슬픔에 빠진 자들은 누구를 말하는 것일까요?

"우리가 마게도냐에 이르렀을 때에도 우리 육체가 편하지 못하였고 사방으로 환난을 당하여 밖으로는 다툼이요 안으로는 두려움이었노라"(고후7:5).

'육체가 편하지 못하였다'는 것은 육신의 문제로 고통과 슬픔을 받았다는 것을 알 수 있습니다. 바울은 복음을 전하다가 여러 번 감옥에 갇히고 매를 맞고 핍박을 받았습니다.

또 '사방으로 환난을 당하여 밖으로는 다툼이요, 안으로는 두려움이었노라' 지금 고린도 교회는 외부적으로는 교회를 향한 핍박과 내부적으로 갈등과 다툼의 문제가 있었습니다. 햄릿에 나오는 대사에 '행복은 혼자서 오고 불행은 한꺼번에 온다'라는 말과 같이 기쁜 날은 잠깐이고 불행한 날은 연속되어 찾아오는 것 같습니다. 이러한 깊은 슬픔 속에서 우리는 어떻게 해야 합니까?

6절에 '낙심한 자들을 위로하시는 하나님'을 바라봐야 합니다. 지금 슬픔이 있습니까? 슬픈 자를 위로하시는 하나님이 계심을 믿고 하나님을 바라보며 슬픔과 이별하는 성도가 되기 바랍니다.

2. 슬픔에는 하나님의 뜻하심이 있습니다

"하나님의 뜻대로 하는 근심은 후회할 것이 없는 구원에 이르게 하는 회개를 이루는 것이요 세상 근심은 사망을 이루는 것이니라"(고후7:10).

사도 바울은 슬픔을 통해 하나님의 뜻하심이 있다는 것을 깨닫게 되었다고 말합니다.

"내가 지금 기뻐함은 너희로 근심하게 한 까닭이 아니요 도리어 너희가 근심함으로 회개함에 이른 까닭이라 너희가 하나님의 뜻대로 근심하게 된 것은 우리에게서 아무 해도 받지 않게 하려 함이라"(고후7:9).

'근심함으로 회개함에 이르렀다'는 것은 슬픔을 통해 회개함에 들어가게 되었다는 것입니다. 무엇이 잘못된 것인지, 어디서부터 잘못된 것인지, 왜 이런 슬픔이 찾아오게 되었는지 깨달아져야 회개에 이르게 됩니다. 이것이 슬픔을 통해 깨닫게 하시는 하나님의 뜻입니다.

세상에서는 슬퍼하는 것은 슬픔으로 끝납니다. 낙심과 절망, 비관적인 생각입니다. 그러나 하나님의 뜻대로 하는 근심은 구원에 이르는 회개를 이룹니다. 슬픔도 겪고, 고난도 겪고, 고통도 겪을 때 비로소 하나님의 사랑을 깨닫게 됩니다.

3. 슬픔에는 하나님의 은혜가 있습니다

"보라 하나님의 뜻대로 하게 된 이 근심이 너희로 얼마나 간절하게 하며 얼마나 변증하게 하며 얼마나 분하게 하며 얼마나 두렵게 하며 얼마나 사모하게 하며 얼마나 열심 있게 하며 얼마나 벌하게 하였는가 너희가 그 일에 대하여 일체 너희 자신의 깨끗함을 나타내었느니라"(고후7:11).

우리가 즐겨 부르는 찬송가 310장 '아 하나님의 은혜로'의 가사를 쓴 다니엘 휘틀 목사는 젊은 시절 남북전쟁에 참전하여 오른팔을 잃는 슬픔을 겪게 됩니다. 병실에 누워 있던 중에 성경책을 발견하고 처음으로 말씀을 읽게 됩니다. 어느 날 옆의 병사가 자신을 위해 기도해달라고 합니다. 휘틀은 거절했지만 옆의 병사는 당신이 열심히 성경을 읽는 모습을 봤다 그러니 자신을 위해 기도해 달라고 간절히 부탁했습니다. 휘틀은 무릎을 꿇고 먼저 자신의 죄를 고백하고 용서해달라고 기도했고 저 소년이 하나님의 구원의 약속을 믿게 해 달라고 간절히 기도했습니다. 꿇었던 무릎을 펴고 일어나자 그 소년은 이미 죽어있었고 그의 눈물 어린 얼굴에는 평안이 가득했습니다. 휘틀은 하나님이 그에게 그리스도를 알려주시기 위해 자신을 강제로 이끄셨다는 것을 굳게 믿게 되었다고 고백합니다.

"고난 당한 것이 내게 유익이라 이로 말미암아 내가 주의 율례들을 배우게 되었나이다"(시119:71).

슬픔을 당할 때 낙심하고 슬퍼하고만 있지 말고 하나님을 의지하면 그 슬픔이 변하여 하나님의 은혜가 됨을 믿으시기 바랍니다.

[피드백]

빈칸에 알맞은 단어는 무엇입니까?

1. “우리가 마게도냐에 이르렀을 때에도 우리 ____가 편하지 못하였고 사방으로 ____을 당하여 밖으로는 다툼이요 안으로는 두려움이었노라”(고후7:5).

2. “하나님의 뜻대로 하는 근심은 후회할 것이 없는 ____에 이르게 하는 회개를 이루는 것이요 세상 근심은 ____을 이루는 것이니라”(고후7:10).

3. “____ 당한 것이 내게 ____이라 이로 말미암아 내가 주의 율례들을 배우게 되었나이다”(시119:71).

[나눔과 적용]

1. 슬픔 중에 경험한 하나님의 위로하심에 대하여 나누어 봅시다.

2. 슬픔 중에 계신 분들이 하나님의 뜻을 발견할 수 있도록 도운 일이 있는지 나누어 봅시다.

3. 현재 경험하는 슬픔에 대해 생각해보고, 어떻게 이것이 하나님의 은혜가 되는지 나누어 봅시다.

4. 말씀을 통해 새롭게 깨닫게 되었거나 받은 은혜를 나누어 봅시다.

제29주
상처와 이별하기

♣ **예배 가이드:** 모든 상처를 치유하시고, 회복하시는 하나님을 의지하며 은혜로 새 힘을 얻는 성도가 됩시다.

■ **본문:** 예레미야 30장 12~17절

■ **찬송:** 406장, 546장

■ **요절**

"여호와의 말씀이니라 그들이 쫓겨난 자라 하매 시온을 찾는 자가 없은즉 내가 너의 상처로부터 새 살이 돋아나게 하여 너를 고쳐 주리라"(렘30:17)

이 세상에 상처가 없는 사람이 있을까요? 그 차이가 크고 작고, 또 상처를 드러내는 사람과 숨기는 사람이 있는 것이지 누구나 상처를 가지고 살아갑니다.

이석희 시인의 '누가 그랬다'라는 시를 보면 "누가 그랬다. 풀잎에도 상처가 있고 꽃잎에도 상처가 있다고 … 누가 그랬다. 상처 없는 사람은 없다. 그저 덜 아픈 사람이 더 아픈 사람을 안아주는 거다."

우리는 상처에서 어떻게 치유되고 이별할 수 있을까요?

1. 상처를 아시는 하나님

"여호와께서 이와 같이 말씀하시니라 네 상처는 고칠 수 없고 네 부상은 중하도다"(렘30:12).

사람들은 자신의 상처를 드러내고 싶어 하지 않습니다. 그러면서도 한편으로는 누군가는 자신의 상처를 알아주고 이해해주기를 마음 깊은 곳에서 원하기도 합니다.

'네 상처는 고칠 수 없고 네 부상은 중하도다' 70년의 이스라엘 포로 생활 가운데 그들에게 남은 것은 상처뿐입니다. 그런데 하나님이 이스라엘의 상처가 얼마나 고통스러운지, 얼마나 치욕스러운지를 지금 알고 계십니다. 주님은 우리의 상처를 다 알고 계십니다. 그 상처가 얼마나 중한지, 내 안에 있는 상처에는 약도 없고, 처방도 없고, 고칠 수 있는 방법도 없다는 것을 주님은 다 알고 계십니다.

그렇기 때문에 우리는 주님께 마음의 문을 열어야 합니다. 우리의 상처를 아시는 주님은 우리의 상처를 치유하실 방법도 알고 계시기 때문입니다. 다른 사람에게 말하지 못한 상처라 할지라도 그것을 모두 알고 계시는 하나님께 우리 마음을 열어 치유를 구할 때 하나님은 반드시 우리 안에 있는 상처를 치유해 주십니다.

2. 상처도 품으시는 하나님

"너를 사랑하던 자가 다 너를 잊고 찾지 아니하니 이는 네 악행이 많고 네 죄가 많기 때문에 나는 네 원수가 당할 고난을 네가 받게 하며 잔인한 징계를 내렸도다"(렘30:14).

사람은 가장 가까이 있는 사람, 내가 사랑한 사람에게 상처를 받습니다. 그러나 사랑하는 자들이 나를 잊고 찾지 않을 때도 기억하고 품으시는 분이 바로 하나님이십니다.

"오직 시온이 이르기를 여호와께서 나를 버리시며 주께서 나를 잊으셨다 하였거니와 여인이 어찌 그 젖 먹는 자식을 잊겠으며 자기 태에서 난 아들을 긍휼히 여기지 않겠느냐 그들은 혹시 잊을지라도 나는 너를 잊지 아니할 것이라"(사49:14~15).

그런데 지금 이스라엘에게 있는 이 상처는 남에게 받은 상처가 아니라 스스로 하나님 앞에 범죄하고 악을 행함으로 받은 상처들입니다. 자신들의 잘못으로, 과거의 어리석음으로 받게 된 죄의 결과입니다.

그럼에도 하나님은 그들의 상처를 그냥 내버려두지 않으시고 끝까지 붙잡고 하나님께 돌아오는 하나님의 은혜를 경험하는 도구로 사용하십니다. 우리에게 있는 어떤 상처도 하나님은 끝까지 품어주시는 분이심을 믿으시기 바랍니다.

3. 상처에서 새살이 돋게 하시는 하나님

"여호와의 말씀이니라 그들이 쫓겨난 자라 하매 시온을 찾는 자가 없은즉 내가 너의 상처로부터 새살이 돋아나게 하여 너를 고쳐 주리라"(렘 30:17).

상처에 새살이 돋게 되면 흔적이 남게 됩니다. 상처는 고통스러운 것이지만 흔적은 추억이 됩니다. 상처는 괴로운 것이지만 흔적은 영광이 되는 것입니다.

사도 바울은 자신의 몸에 예수의 흔적을 지니고 있다고 말합니다.

"이 후로는 누구든지 나를 괴롭게 하지 말라 내가 내 몸에 예수의 흔적을 지니고 있노라"(갈6:17).

사도 바울은 복음을 전하다가 여러 가지 고난을 만났고, 과거에는 주님을 핍박했던 삶을 살았습니다. 그런데 이 모든 것이 그에게 상처로 끝난 것이 아니라 예수의 흔적, 주님이 그의 삶을 치유하시고 회복하시고 역사하신 흔적들이 되었다고 고백합니다.

우리 삶에 어떤 상처가 있습니까? 오랜 시간 깊어져서 이제는 깊은 흉터가 되어버린 상처가 있습니까? 오늘 주님께 내어놓으시기 바랍니다. 죄의 상처가 있다면 회개하고, 용서할 수 없는 미움이 있다면 주님께 내어놓으시기 바랍니다. 지울 수 없는 아픔이 있다면 주님 앞에 치유하심을 구하시기 바랍니다. 그러면 우리의 상처 위에 하나님은 새살을 돋게 하실 것입니다. 점점 상처는 지워지며 하나님이 덮어주시는 은혜의 흔적들이 될 것입니다. 우리의 삶에 은혜의 흔적들, 예수의 흔적들만 남기고 상처와 이별하는 복된 성도가 되기 바랍니다.

[피드백]

빈칸에 알맞은 단어는 무엇입니까?

1. “여호와께서 이와 같이 말씀하시니라 네 ____는 고칠 수 없고 네 ____은 중하도다”(렘30:12).

2. “이 후로는 누구든지 나를 괴롭게 하지 말라 내가 내 _에 예수의 ____을 지니고 있노라”(갈6:17).

3. “여호와의 말씀이니라 그들이 쫓겨난 자라 하매 시온을 찾는 자가 없은즉 내가 너의 ____로부터 새살이 돋아나게 하여 너를 _____ 주리라”(렘30:17).

[나눔과 적용]

1. 우리 안에 자리잡고 있는, 다른 사람들은 알지 못하는 깊은 상처가 있다면 주님께 아뢰어 봅시다.

2. 우리의 연약함과 죄에서 비롯된 상처라도 주님께 가지고 나아갈 수 있는 이유는 무엇입니까?

3. 주님께서 이전의 상처들을 어떻게 치유하시고 회복시키셨는지 함께 나누어 봅시다.

4. 말씀을 통해 새롭게 깨닫게 되었거나 받은 은혜를 나누어 봅시다.

제30주
분노와 이별하기

♣ **예배 가이드:** 분노의 죄를 버리고 성령의 인도하심을 따라 그리스도의 사랑을 실천하는 성도가 됩시다.

■ **본문:** 에베소서 4장 25~32절

■ **찬송:** 285장, 405장

■ **요절**

"마귀에게 틈을 주지 말라"(엡4:27)

하나님이 처음 에덴을 창조하셨을 때에는 사람의 마음 속에 분노가 있지 않았습니다. 분노는 하나님의 성품이 아니기 때문입니다. 그런데 아담이 하나님께 불순종하는 죄를 짓게 되었을 때부터 사람 안에는 분노가 들어왔습니다. 이 분노가 하나님과의 사이를 갈라지게 만들고 사람과의 관계도 갈라지게 만들었습니다.

왜 분노와 이별해야 할까요?

1. 분노는 거룩함을 깨뜨립니다

"그런즉 거짓을 버리고 각각 그 이웃과 더불어 참된 것을 말하라 이는 우리가 서로 지체가 됨이라"(엡4:25).

어떤 사람을 좋게 여기다가도 한순간에 실망할 때가 있습니다. 그 사람의 분노를 경험하게 될 때입니다. 분노는 사람의 감정만 깨뜨리는 것이 아니라 그 사람의 인격, 지금까지 쌓아왔던 모든 것들도 깨뜨리게 됩니다.

"사람이 성내는 것이 하나님의 의를 이루지 못함이라"(약1:20).

분노는 자기 자신만 무너뜨리는 게 아닙니다. 관계를 무너뜨립니다. 부부간의 분노가 남편과 아내의 관계를 깨뜨리고, 가족간의 분노가 형제, 자매, 부모와 자녀와의 관계를 깨뜨리고, 교회 안의 분노가 믿음의 형제자매의 관계를 깨뜨립니다. 깨뜨리는 것은 누가 좋아합니까? 사탄이 좋아하는 것입니다. 하나님은 하나됨을 원하십니다. 결국 분노는 하나님과의 관계를 깨뜨립니다.

앤드류 레스터라는 목회 상담학자는 '화난 그리스도인'이라는 책에서 "파괴적인 분노란 우리 자신과 타인, 그리고 하나님과의 관계를 파괴하는 것"이라고 말했습니다. 분노하면 깨지는 것입니다. 사랑의 반대말은 미움이 아니라 분노입니다. 모든 것을 깨뜨리는 분노와 이별하여 거룩함을 끝까지 지키는 성도가 되기 바랍니다.

2. 분노는 죄를 짓게 합니다

"분을 내어도 죄를 짓지 말며 해가 지도록 분을 품지 말고"(엡4:26).

이스라엘 백성을 출애굽시킨 모세는 가나안에 들어가지 못했습니다. 그 이유는 하나님의 말씀에 불순종하고 분노했기 때문입니다. 광야길을 가던 중 가데스 광야에서 누나인 미리암이 죽게 되고 이스라엘 백성들은 물이 없다고 모세에게 불평합니다. 하나님이 모세에게 지팡이로 반석을 명하여 물을 내게 하라고 말씀합니다.

"모세와 아론이 회중을 그 반석 앞에 모으고 모세가 그들에게 이르되 반역한 너희여 들으라 우리가 너희를 위하여 이 반석에서 물을 내랴 하고 모세가 그의 손을 들어 그의 지팡이로 반석을 두 번 치니 물이 많이 솟아나오므로 회중과 그들의 짐승이 마시니라"(민20:10~11).

극심한 스트레스와 계속되는 백성들의 원망으로 인내심이 극에 달한 모세가 분노하게 됩니다. 원어의 뜻을 보면 '하나님께 버림받기 마땅한 너희들아 들어라 내가 너희에게 물을 주겠다'고 외치며 지팡이로 반석을 두 번 내리칩니다. 하나님의 말씀을 어긴 것입니다. 결국 모세의 분노는 힘들게 광야길 40년을 걸어왔지만 가나안에 들어가지 못하는 결과를 낳게 되었습니다.

하나님은 아무리 우리가 선한 목적과 타당한 이유를 가지고 행했다 할지라도 분노하는 것을 원치 않으십니다. 왜 분노를 참아야 합니까? 죄를 짓지 않기 위함입니다.

"마귀에게 틈을 주지 말라"(엡4:27).

분노는 마귀에게 기회를 주는 것이 됩니다. 마귀에게 틈을 주지 말고 분노와 이별하는 성도가 되기 바랍니다.

3. 분노는 은혜에서 멀어지게 합니다

"서로 친절하게 하며 불쌍히 여기며 서로 용서하기를 하나님이 그리스도 안에서 너희를 용서하심과 같이 하라"(엡4:32).

살아가면서 화를 내어 이익을 보신 적이 많습니까, 아니면 손해를 본 적이 많습니까? 우리나라에서 살아가기 위해서는 화를 내야지 살아갈 수 있다, 좋게 말해서는 안 된다는 인식이 많은 것 같습니다. 그런데 오늘날 잘못 화를 냈다가는 큰일 납니다. 법적으로도 먼저 화를 내고 먼저 분노하는 사람들이 사회적으로 비난을 받게 되고, 학교에서나 전화상담에서 화를 내면 인격모독으로 처벌받게 됩니다. 화를 냄으로 보는 손해가 훨씬 더 큽니다.

"하나님의 성령을 근심하게 하지 말라 그 안에서 너희가 구원의 날까지 인치심을 받았느니라"(엡4:30).

우리 안에 얼마든지 죄성이 있지만 그것을 다스려 하나님의 뜻대로 살아가려고 몸부림치는 것과 같이 분노도 다스리는 것입니다. 화를 참고, 혈기를 눌러 하나님의 거룩한 성품으로 변화시켜야 합니다. 그러기 위해서 성령님이 필요합니다. 분노를 참고 누르는 자를 성령님은 도와주십니다. 하나님의 거룩함을 지키고 날마다 은혜에 가까이 가는 성도가 되기 바랍니다.

[피드백]

빈칸에 알맞은 단어는 무엇입니까?

1. “사람이 성내는 것이 하나님의 __를 이루지 못함이라”(약1:20).

2. “마귀에게 __을 주지 말라”(엡4:27).

3. “하나님의 성령을 ______하게 하지 말라 그 안에서 너희가 구원의 날까지 ________을 받았느니라”(엡4:30).

[나눔과 적용]

1. 분노한 후에 거룩함의 깨짐으로 인하여 후회한 경험이 있다면 목원들과 나누어 봅시다.

2. 분노가 죄로 이어지지 않기 위해서 어떻게 우리는 분노의 상황에 대처할 수 있을까요?

3. 성령님의 도우심으로 분노하지 않고 주님 은혜 안에 머물게 된 경험이 있다면 나누어 봅시다.

4. 말씀을 통해 새롭게 깨닫게 되었거나 받은 은혜를 나누어 봅시다.

제31주
낭비와 이별하기

♣ **예배 가이드:** 지혜 있는 자와 같이 세월을 낭비하지 말고, 하나님의 영광을 위해 살아가는 성도가 됩시다.

■ **본문:** 에베소서 5장 15~21절

■ **찬송:** 204장, 278장

■ **요절**

"세월을 아끼라 때가 악하니라"(엡5:16)

여러분은 바쁜 삶을 살아가십니까? 아니면 분주한 삶을 살아가고 있습니까? '바쁘다'는 말과 '분주하다'라는 말은 비슷한 것 같지만 그 의미가 다릅니다. 바쁜 삶은 내가 이루고자 하는 목표를 향해 목적과 집중력을 가지고 중요한 일을 해 나가는 것이고, 분주한 삶은 바쁘게 산 것 같은데 돌아보면 완성한 것은 별로 없는 것입니다.

아놀드 베넷이 지은 '하루 24시간 어떻게 살아갈 것인가?'라는 책에서 "모든 사람들의 지갑에는 매일 아침마다 24시간이라는 가치가 꽂히게 된다"라고 표현하며 돈을 관리하는 것보다 더 중요한 것이 시간을 관리하는 것이라고 말합니다.

하나님이 우리에게 주신 시간, 물질, 인생을 낭비하지 말고 가치있게 하나님의 영광을 위해 살아가는 성도가 되기 바랍니다.

1. 지혜 있는 자 같이 행동하라

"그런즉 너희가 어떻게 행할지를 자세히 주의하여 지혜 없는 자 같이 하지 말고 오직 지혜 있는 자 같이 하여"(엡5:15).

2005년에 튀르키예 동부의 한 마을에서 양 5백여 마리가 한꺼번에 절벽 아래로 떨어져 떼죽음을 당한 사건이 있었습니다. 양치기들이 잠깐 양떼들을 떠나있던 사이 양들 중 한 마리가 절벽 아래로 떨어지게 되었는데 뒤에 있던 양도 그 양을 따라서 절벽으로 가면서 모든 양들이 줄줄이 절벽 아래로 떨어지게 된 것입니다.

왜 그런 일이 벌어지게 되었을까요? 양은 생각하지 않고 행동하기 때문입니다. 지혜 있는 자는 어떤 사람입니까? 무리를 따라가는 것이 아니라 목적을 따라 가는 사람입니다. 시대를 따라 사는 것이 아니라 하나님의 지혜를 따라 살아가는 사람입니다.

"너희는 이 세대를 본받지 말고 오직 마음을 새롭게 함으로 변화를 받아 하나님의 선하시고 기뻐하시고 온전하신 뜻이 무엇인지 분별하도록 하라"(롬12:2).

오늘날 모든 낭비의 시작은 무엇입니까? 지혜가 없을 때 낭비하게 됩니다. 시대를 분별하고 바로 보는 지혜있는 성도가 되기 바랍니다.

2. 세월을 아끼라

"세월을 아끼라 때가 악하니라"(엡5:16).

아일랜드 극작가 조지 버나드 쇼라는 사람의 묘비에는 이런 글귀가 써 있다고 합니다. "우물쭈물하다가 내 이럴 줄 알았다."

왜 우리가 낭비를 합니까? 아직 많이 남아있다고 생각해서 그렇습니다. '세월을 아끼라'에서 '세월'은 원어로 '카이로스'라는 말입니다. 시간을 의미하는 헬라어에는 '크로노스'와 '카이로스'가 있는데 '크로노스'는 물리적인 시간으로 흘러가는 시간이고 '카이로스'는 사건이나 때를 의미합니다. '카이로스'의 시간은 우리의 것이 아니라 하나님의 것입니다. 하나님의 시간을 우리에게 주셨으니 우리의 하루하루가 얼마나 귀한지 알아야 합니다.

'때가 악하다'는 말씀은 영어성경에서 'because the days are evil'이라고 썼습니다. 우리가 세월을 아끼지 않는다면 사탄이 이 때를 이용해서 낭비하게 만들고 허비하게 만들고 빼앗아버린다는 것입니다.

"그러므로 어리석은 자가 되지 말고 오직 주의 뜻이 무엇인가 이해하라"(엡5:17).

우리는 내가 사용하는 물질과 시간, 내가 만난 모든 사람들 속에서 하나님의 뜻이 무엇인지 기도하고 깨달아야 합니다. 그래야 세월을 낭비하지 않는 지혜로운 자들이 될 수 있습니다.

3. 영광을 위하여 살라

"범사에 우리 주 예수 그리스도의 이름으로 항상 아버지 하나님께 감사하며"(엡5:20).

낭비한다는 것은 목적이 없이 써버리는 것입니다. 목적이 분명하다면 그것은 낭비가 아니라 가치있는 일이 되는 것입니다. 어떻게 살아야 가장 가치있는 삶을 살았다고 말할 수 있을까요? 바로 하나님의 영광을 위해서 살아가는 것입니다. 왜냐하면 하나님이 우리를 창조하신 목적이 있기 때문입니다.

"내 이름으로 불려지는 모든 자 곧 내가 내 영광을 위하여 창조한 자를 오게 하라 그를 내가 지었고 그를 내가 만들었느니라"(사43:7).

우리는 하나님의 영광을 위해 창조된 자들입니다. 우리 삶의 모든 시간과 물질, 이 땅에서 이루어야 할 성공과 비젼도 나의 영광이 아닌 하나님의 영광이 되는 삶을 살아갈 때 우리는 낭비와 이별하고 하나님의 때인 카이로스의 삶을 살아가게 될 줄 믿습니다.

[피드백]

빈칸에 알맞은 단어는 무엇입니까?

1. "그런즉 너희가 어떻게 행할지를 자세히 주의하여 _____없는 자 같이 하지 말고 오직 _____ 있는 자 같이 하여"(엡5:15).

2. "그러므로 어리석은 자가 되지 말고 오직 주의 _이 무엇인가 ______하라"(엡5:17).

3. "내 _____으로 불려지는 모든 자 곧 내가 내 _____을 위하여 창조한 자를 오게 하라 그를 내가 지었고 그를 내가 만들었느니라"(사43:7).

[나눔과 적용]

1. 시대의 풍조가 아니라 하나님의 뜻을 분별하며 살아갈 때 나타나는 삶의 열매를 나누어 봅시다.

2. 매일 사용하는 물질, 시간, 관계 맺음에서 낭비하는 부분이 있는지 생각해 봅시다.

3. 삶의 방향과 목적이 하나님의 영광받으심이 되기 위하여 결단해야 할 것이 있다면 나누어 봅시다.

4. 말씀을 통해 새롭게 깨닫게 되었거나 받은 은혜를 나누어 봅시다.

제32주
염려와 이별하기

♣ **예배 가이드:** 무익한 염려를 하지 말고, 모든 것을 아시고 채우시는 하나님의 은혜를 바라보며 사는 성도가 됩시다.

■ **본문:** 마태복음 6장 25~34절

■ **찬송:** 28장, 365장

■ **요절**

"그러므로 내일 일을 위하여 염려하지 말라 내일 일은 내일이 염려할 것이요 한 날의 괴로움은 그 날로 족하니라" (마 6:34)

옛날 두 아들을 둔 어머니가 매일 걱정과 근심으로 살아가고 있었습니다. 큰 아들은 우산을 팔고 있었고 둘째 아들은 짚신을 팔고 있었기에 비가 오는 날이면 둘째 아들 걱정, 날이 좋은 날이면 큰 아들 걱정으로 하루도 편하게 있지 못했습니다.

지나가는 한 나그네가 이 어머니에게 근심과 걱정에서 벗어날 방법을 알려주었습니다. 무엇이었을까요? 비가 오는 날에는 우산을 파는 아들의 장사가 잘될 것을 기뻐하고, 맑은 날에는 짚신을 파는 아들의 장사가 잘될 것을 기뻐하라고 이야기해주었던 것입니다.

세 가지 질문을 통해 염려와 이별하는 방법을 살펴보겠습니다.

1. 무엇을 염려하고 있는가

"그러므로 내가 너희에게 이르노니 목숨을 위하여 무엇을 먹을까 무엇을 마실까 몸을 위하여 무엇을 입을까 염려하지 말라 목숨이 음식보다 중하지 아니하며 몸이 의복보다 중하지 아니하냐"(마6:25).

사람은 내 삶의 주변에서 일어나는 염려 즉 먹을 것, 마실 것, 입을 것 등 환경과 상황에 대한 염려를 많이 합니다. 그러나 이보다 더 중요한 것은 목숨과 몸, 즉 생명과 영원한 삶입니다. 어떤 것이 더 중요한 본질인지 알아야 합니다.

"공중의 새를 보라 심지도 않고 거두지도 않고 창고에 모아들이지도 아니하되 너희 하늘 아버지께서 기르시나니 너희는 이것들보다 귀하지 아니하냐"(마6:26).

지금 살아가는 우리의 삶이 중요하지 않다는 것이 아니라 우선순위가 무엇인지를 알아야 합니다. 하나님의 인도하심이 먼저라는 것입니다. 무엇을 해야 할 지 선택을 염려하기 전에 하나님이 어떻게 역사하시는지 기대하고 바라보는 성도가 되기 바랍니다.

2. 염려의 결과가 무엇인가

"너희 중에 누가 염려함으로 그 키를 한 자라도 더할 수 있겠느냐"(마6:27).

염려해서 바뀔 수만 있다면 마음껏 염려하면 됩니다. 그런데 내가 아무리 염려를 한다고 해서 바뀌는 것은 없습니다.

우리가 하는 염려의 96%는 쓸데없는 염려라고 합니다. 40%는 절대로 일어나지 않을 일에 대한 염려이고, 30%는 이미 일어난 일, 22%는 사소한 일이고, 나머지 4%는 우리의 힘으로는 어찌할 수 없는 일에 대한 염려입니다. 염려해서 이루어지는 것은 아무것도 없지만 기도하면 무엇이든 응답되고 이루어짐을 믿으시기 바랍니다.

"아무것도 염려하지 말고 다만 모든 일에 기도와 간구로 너희 구할 것을 감사함으로 하나님께 아뢰라"(빌4:6).

5만번 이상의 기도응답을 받은 조지 뮬러는 이런 말을 했습니다. "믿음의 시작은 염려의 끝이요, 염려의 시작은 믿음의 끝이다. 염려하면 믿음이 죽는 것이고 믿음 있는 자는 염려를 죽이는 것이다."

염려는 아무것도 하지 못하게 만들지만 믿음으로 기도하며 하나님을 신뢰하면 하나님께서 우리를 살리시고 입히심을 믿으시기 바랍니다. 무익한 염려는 하지말고 유익한 기도를 하는 성도가 되기 바랍니다.

3. 무엇을 구해야 하는가

"그런즉 너희는 먼저 그의 나라와 그의 의를 구하라 그리하면 이 모든 것을 너희에게 더하시리라"(마6:33).

염려하지 말라고 말씀하신 주님은 이제 우리에게 구하라고 말씀하고 있습니다. '구한다'는 것은 '찾는다, 두드린다, 바라다'의 뜻입니다.

"이는 다 이방인들이 구하는 것이라 너희 하늘 아버지께서 이 모든 것이 너희에게 있어야 할 줄을 아시느니라"(마6:32).

우리가 하나님의 자녀임에도 때로는 이방인들이 구하는 것과 같이 자신이 원하는 것을 얻지 못하고 바라는 대로 되지 않는다고 염려하고 있지는 않습니까? 하나님은 나에게 인내하기를 원하시고 때로는 돌아가기 원하시고, 역경과 시련을 통과하기를 원하시는데 나는 당장에 이루어지기 원하고 빨리가기 원하고 편하게 가기를 원하며 염려할 때가 있습니다.

우리가 할 것은 무엇입니까? 먼저 그의 나라와 그의 의를 구하는 것입니다. 하나님의 뜻이 어디에 있는지, 영원한 축복이 어디에 있는지를 구하고 그것을 얻기 위해 힘써야 한다는 것입니다.

그리고 천국에서 이루어질 하나님의 나라뿐만 아니라 하나님의 나라가 내 삶 가운데도 이루어져야 합니다. 하나님이 다스리시고, 하나님이 역사하시고, 하나님의 영광이 나타나는 삶이 되는 것이 우리에게 가장 큰 축복이기 때문입니다. 염려하기보다 하나님께 구하는 성도가 되기 바랍니다.

[피드백]

빈칸에 알맞은 단어는 무엇입니까?

1. "공중의 새를 보라 심지도 않고 거두지도 않고 창고에 모아들이지도 아니하되 너희 하늘 아버지께서 ___시나니 너희는 이것들보다 _____ 아니하냐"(마6:26).

2. "아무것도 _____하지 말고 다만 모든 일에 ______와 간구로 너희 구할 것을 ______함으로 하나님께 아뢰라"(빌4:6).

3. "그런즉 너희는 먼저 그의 ______와 그의 ___를 구하라 그리하면 이 모든 것을 너희에게 더하시리라"(마6:33).

[나눔과 적용]

1. 우리 삶에 일어나는 염려들을 정리해보고 무엇을 우선순위에 두어야 하는지 생각해 봅시다.

2. 믿음의 기도로 인하여 마음의 염려들이 사라진 경험이 있다면 서로 나누어 봅시다.

3. 하나님의 의를 먼저 구할 때, 삶에 어떠한 변화가 있게 되는지 가족, 목원들과 나누어 봅시다.

4. 말씀을 통해 새롭게 깨닫게 되었거나 받은 은혜를 나누어 봅시다.

제33주
게으름과 이별하기

♣ **예배 가이드:** 깨어있는 부지런한 자가 되어서 어떤 시험과 위기 속에서도 승리하는 성도가 됩시다.

■ **본문:** 잠언 6장 6~11절

■ **찬송:** 96장, 336장

■ **요절**

"게으른 자여 개미에게 가서 그가 하는 것을 보고 지혜를 얻으라"(잠6:6)

옛말에 머리 나쁜 건 용서가 되어도 게으른 것은 용서가 안 된다라는 말이 있습니다. 사람이 손재주가 좀 부족한 것은 배워서 고칠 수 있지만 게으른 것은 단번에 고치기가 힘들기 때문에 생긴 말입니다. 일본 속담에는 먹고 그냥 자면 소가 된다는 말도 있습니다.

게으름은 악한 것이고 이별해야 하는 것임을 잘 알지만 우리는 게으름에 빠져 살아갈 때가 있습니다. 본문을 통해 게으름을 영적인 관점에서 살펴보고 게으름과 이별하기 위해 어떻게 해야 하는지 알아봅시다.

1. 게으른 자에서 지혜로운 자가 되라

"게으른 자여 개미에게 가서 그가 하는 것을 보고 지혜를 얻으라"(잠6:6).

부지런한 것을 대표하는 곤충이 바로 개미입니다. 개미는 본능적으로 먹이를 찾아다니고 일을 합니다. 시키는 자가 없어도 스스로 일하는 것입니다.

그런데 게으른 사람의 특징이 무엇입니까? 수동적입니다. 스스로

하지 않습니다. 누군가 시키고 명령하고 압력이 있어야 움직입니다.

"주의 구원의 즐거움을 내게 회복시켜 주시고 자원하는 심령을 주사 나를 붙드소서"(시51:12).

우리가 왜 게으르지 말아야 합니까? 하나님은 우리가 누군가에 의해, 상황에 의해, 어쩔 수 없어 하는 마음으로 살기를 원하지 않으십니다. 예수님의 십자가는 자원하는 마음으로 지신 십자가입니다. 왜 자원하셨습니까? 우리를 사랑하시기 때문에 스스로 십자가를 지신 것입니다.

지키는 자가 없어도, 관리자가 없어도 우리는 하나님을 바라보며 살아가야 합니다. 게으른 자가 아니라 지혜로운 자, 부지런한 자로 살아가기 바랍니다.

2. 게으른 자에서 예비하는 자가 되라

"먹을 것을 여름 동안에 예비하며 추수 때에 양식을 모으느니라"(잠6:8).

우리말 속담에 '농군이 여름에 하루 놀면 겨울에 열흘 굶는다'라는 말이 있습니다. 열심히 일해야 할 여름에 게으름을 피우면 추운 겨울에 곤란을 겪게 된다는 뜻입니다.

게으른 자는 추수할 때를 생각하지 않습니다. 지혜로운 자는 겨울이 올 것을 내다보고, 추수할 때가 있다는 것을 내다볼 수 있습니다. 성경은 우리에게 반드시 추수할 때가 온다고 말씀합니다. 비단 이것은 추수할 계절 만을 말하는 것이 아닙니다. 우리의 영혼을 천국으로 부르실 때가 반드시 온다는 것입니다.

"한 번 죽는 것은 사람에게 정해진 것이요 그 후에는 심판이 있으리니"(히9:27).

우리가 게으름에서 이별해야 하는 이유가 무엇입니까? 이 땅에서 살아갈 때 게으름으로부터 오는 삶의 기근을 피하는 것도 중요하지만 더 중요한 것은 훗날 우리가 주님 앞에 설 때 게으른 자, 부끄러운 자가 되지 않아야 하기 때문입니다.

3. 게으른 자에서 깨어있는 자가 되라

"게으른 자여 네가 어느 때까지 누워 있겠느냐 네가 어느 때에 잠이 깨어 일어나겠느냐"(잠6:9).

요즘 사회에서 필요로 하는 능력 중에 하나가 위기대처능력 혹은 위기대응능력입니다. 언제 위기가 찾아올 지 모르기 때문에 언제든지 대비하고 있는 사람, 깨어있는 사람이 위기대처능력을 가진 사람입니다.

"네 빈궁이 강도같이 오며 네 곤핍이 군사같이 이르리라"(잠6:11).

위기라는 것은 언제 올 지 모르기 때문에 피할 수 없는 위기 속에서 게으른 자는 그대로 넘어지지만 지혜로운 자, 부지런한 자는 위기를 만난다 해도 깨어서 예방하고 물리칠 수 있습니다.

"좀 더 자자, 좀 더 졸자, 손을 모으고 좀 더 누워있자 하면"(잠6:10).

오늘날 영적으로 깊은 잠에 빠진 사람들이 너무나 많습니다. 영적생활이 무너졌고 기도가 멈춰버렸고 말씀묵상이 멈춰버렸습니다. 그러면 위기가 찾아옵니다. 우리의 육신도 게으르지 말아야 하지만 영적으로도 깨어있고 부지런해야 합니다.

"그러므로 깨어있으라 어느 날에 너희 주가 임할는지 너희가 알지 못함이니라"(마24:42).

영적으로 깨어나야 우리의 삶도 살아나게 됨을 믿으시기 바랍니다.

[피드백]

빈칸에 알맞은 단어는 무엇입니까?

1. "주의 ___의 즐거움을 내게 회복시켜 주시고 자원하는 ___을 주사 나를 붙드소서"(시51:12).

2. "한 번 죽는 것은 사람에게 정해진 것이요 그 후에는 ____이 있으리니"(히9:27).

3. "네 ____이 강도같이 오며 네 _____이 군사같이 이르리라"(잠6:11).

[나눔과 적용]

1. 자원하는 마음과 능동적인 행동으로 게으른 습관이 변화된 경험이 있다면 서로 나누어 봅시다.

2. 우리 삶의 모습이 현재에만 만족하고, 주님 오실 때를 잊고 살지는 않았는지 생각해 봅시다.

3. 어떻게 영적으로 깊은 잠에 빠지지 않고, 깨어 부지런할 수 있을지 나누어 봅시다.

4. 말씀을 통해 새롭게 깨닫게 되었거나 받은 은혜를 나누어 봅시다.

제34주

불평과 이별하기

♣ **예배 가이드:** 시기와 불평을 하지 말고 하나님만 의지하며 인내함으로 복을 얻는 성도가 됩시다.

■ **본문:** 시편 37편 1~11절

■ **찬송:** 284장, 421장

■ **요절**

"그러나 온유한 자들은 땅을 차지하며 풍성한 화평으로 즐거워하리로다"(시 37:11)

어느 군부대에서 저녁으로 돈가스가 나오는 날이라 모든 군인들이 기대를 하며 식당으로 들어가서 줄을 서는데 앞에서 웅성거립니다. '오늘 돈가스를 인당 2개씩 준대.' 병사들이 환호성을 지릅니다. 그런데 곧이어 들리는 소리가 돈가스 소스가 없다는 것입니다. 부식병이 보급받을 때 돈가스 한 상자와 소스 한 상자를 받아야 하는데 돈가스만 2상자를 받았다는 것입니다.

여기저기에서 돈가스를 소스 없이 어떻게 먹느냐 불평합니다. 그 때 가장 높은 고참이 일어나서 이렇게 말합니다. "야! 우리는 불평할 것 없어. 분명 어느 부대 애들은 소스만 2개 먹고 있을거야."

오늘 성경은 우리에게 불평하지 말라고 말씀합니다. 불평과 이별하기 위해서 우리는 어떻게 해야 할까요?

1. 시기하지 말라

"악을 행하는 자들 때문에 불평하지 말며 불의를 행하는 자들을 시기하지 말지어다"(시37:1).

불평은 어디에서부터 시작할까요? 남과 비교하고 남을 시기하면서부터 시작됩니다. 창세기 4장에 보면 하나님이 가인의 제사는 받지 않고 아벨의 제사만 받으셨습니다. 하나님이 가인의 제물을 받지 않으신 것은 가인이 하나님께 올바른 제사를 드리지 않았기 때문인데 가인은 아벨을 시기하여 자신의 불만을 터뜨리게 됩니다. 그것은 하나님을 향해 불만을 터뜨린 것입니다. 결국 불만이 살인이 되고 그 죄의 값을 혹독하게 치르게 됩니다.

본문에서 악인과 불의를 행하는 자들이 벌을 받고 잘못되는 것이 옳은데 반대로 더 잘되고 잘살게 되는 것을 보더라도 불평하지 말고 시기하지 말라고 말씀합니다.

왜 그렇습니까? 그들을 보며 우리가 불평하고 시기하면 결국 하나님을 원망하게 되기 때문입니다. '하나님, 어떻게 저런 사람이 잘 되게 하시고 나는 왜 이렇게 살게 하십니까?' 우리는 나에게 역사하시는 하나님의 은혜만을 바라보면 됩니다. 시기함으로 불평하지 말고 나에게 주신 은혜와 축복을 기억하며 감사하는 성도가 되기 바랍니다.

2. 하나님을 의뢰하라

"여호와를 의뢰하고 선을 행하라 땅에 머무는 동안 그의 성실을 먹을거리로 삼을지어다"(시37:3).

'의뢰하다'는 뜻이 무엇입니까? 하기 힘들거나 어려운 것을 해결하기 위해 능력 있는 사람에게 부탁하거나 의지하는 것입니다. 믿음의 사람은 어떤 상황 속에서도 하나님의 뜻을 바라봅니다.

다윗은 자신을 시기하며 죽이려고 하는 사울왕을 피해 도망다니고 있었지만 하나님을 신뢰했기 때문에 절대 불평하지 않았습니다. 불평하면 되는 것이 아무것도 없습니다. 되던 일도 안 되게 하는 것이 바로 불평입니다.

"또 여호와를 기뻐하라 그가 네 마음의 소원을 네게 이루어 주시리로다"(시37:4).

"네 길을 여호와께 맡기라 그를 의지하면 그가 이루시고 네 의를 빛같이 나타내시며 네 공의를 정오의 빛같이 하시리로다"(시37:5~6).

내 인생에 왜 이런 풍랑과 고통과 시련이 찾아왔냐고 불평하지 말고 성실하신 하나님을 의뢰하며 하나님께 소원을 두고 맡기는 자는 하나님이 반드시 지키시고 인도해 주십니다.

3. 참고 기다리라

"여호와 앞에 잠잠하고 참고 기다리라 자기 길이 형통하며 악한 꾀를 이루는 자 때문에 불평하지 말지어다"(시37:7).

세상 사람들처럼 똑같이 불평하고 똑같이 원망하고 똑같이 화내면 그리스도인의 모습일까요? 예수님은 그렇지 않으셨습니다.

"그가 곤욕을 당하여 괴로울 때에도 그의 입을 열지 아니하였음이여 마치 도수장으로 끌려가는 어린 양과 털 깎는 자 앞에서 잠잠한 양 같이 그의 입을 열지 아니하였도다"(사53:7).

불평이 턱밑까지 차올라와도 우리는 잠잠해야 합니다. 참고 기다려야 합니다. 왜냐하면 우리는 하나님 앞에 있는 자이기 때문입니다. 하나님께서 역사하시고 하나님이 일하실 것을 믿고 기다릴 줄 알아야 합니다.

"그러나 온유한 자들은 땅을 차지하며 풍성한 화평으로 즐거워하리로다"(시37:11).

우리 안에 불평과 이별하고 온유한 자로 땅을 차지하며 풍성한 은혜를 누리며 살아가기 바랍니다.

[피드백]

빈칸에 알맞은 단어는 무엇입니까?

1. "여호와를 의뢰하고 __을 행하라 땅에 머무는 동안 그의 _____을 먹을거리로 삼을지어다"(시37:3).

2. "또 여호와를 _____하라 그가 네 마음의 ______을 네게 이루어 주시리로다"(시37:4).

3. "그가 _______을 당하여 괴로울 때에도 그의 입을 열지 아니하였음이여 마치 도수장으로 끌려가는 어린 양과 털 깎는 자 앞에서 ______양 같이 그의 입을 열지 아니하였도다"(사53:7).

[나눔과 적용]

1. 지인의 잘됨을 보고 시기하다가 하나님을 원망하기에 이른 경험이 있다면 나누어 봅시다.

2. 시기와 불평에서 벗어나 하나님을 의뢰했을 때 어떻게 하나님께서 인도하셨는지 나누어 봅시다.

3. 불평을 참고 기다린 후에 하나님의 풍성한 은혜를 누린 경험이 있다면 나누어 봅시다.

4. 말씀을 통해 새롭게 깨닫게 되었거나 받은 은혜를 나누어 봅시다.

제35주
궁핍과 이별하기

♣ **예배 가이드:** 능력을 주시는 주님을 의지하며 주님만으로 만족하고 은혜로 공급하심을 얻는 성도가 됩시다.

■ **본문:** 빌립보서 4장 10~13절

■ **찬송:** 93장, 545장

■ **요절**

"내게 능력 주시는 자 안에서 내가 모든 것을 할 수 있느니라"(빌4:13)

아무리 시대가 변하고 살기 좋은 세상이 되었어도 사람들 안에 불만족과 채워지지 않는 궁핍함은 더욱 심해져 가고 있습니다. 더 채우고, 더 갖기만을 바라며 가진 것에 감사하지 못하고 세상의 욕심을 내면 낼수록 스스로 궁핍하다고 생각하는 것입니다.

그러나 바울은 본문에서 어떤 형편에도 자족하기를 배웠다고 고백합니다. 궁핍과 이별하는 방법은 어떤 것일까요?

1. 만족함을 배우라

"내가 궁핍하므로 말하는 것이 아니니라 어떠한 형편에든지 나는 자족하기를 배웠노니"(빌4:11).

사도 바울이 어떻게 궁핍한 환경 속에서도 자족할 수 있게 되었습니까? '자족하기를 배웠다'고 말합니다.

"또 수고하며 애쓰고 여러 번 자지 못하고 주리며 목마르고 여러 번 굶고 춥고 헐벗었노라"(고후11:27).

역경의 시간을 통해 궁핍함 속에서도 지키시고 보호하시는 하나님의 은혜로 만족하는 법을 배운 것입니다.

궁핍과 이별하는 방법은 모든 것을 다 가지고 모든 것을 다 채우는 것이 아닙니다. 만족하는 법을 배워야 합니다. 오직 하나님 한 분만으로 만족하는 법을 배워야 합니다.

'궁핍'은 영어로 'need(필요)'입니다. 물질의 궁핍, 건강의 궁핍, 막막한 앞날에 대한 궁핍, 자녀의 인생에 풀리지 않는 막막함으로 오는 궁핍, 사업과 직장에 해결되지 못한 문제의 궁핍 등 많은 궁핍이 우리 삶에 있지만 이런 상황 속에서도 여전히 나와 함께 하시고 은혜를 베풀어주시는 하나님의 은혜에 만족함을 배우기 바랍니다.

자족의 은혜는 풍족할 때 배울 수 있는 것이 아닙니다. 궁핍할 때 배우는 것입니다. 연약할 때, 굶주림 가운데 하나님의 은혜의 풍족함과 만족함을 깨닫는 것입니다.

2. 일체의 비결을 배우라

"나는 비천에 처할 줄도 알고 풍부에 처할 줄도 알아 모든 일 곧 배부름과 배고픔과 풍부와 궁핍에도 처할 줄 아는 일체의 비결을 배웠노라"(빌4:12).

리처드 칼슨이라는 사람이 쓴 '우리는 사소한 것에 목숨을 건다'는 베스트 셀러가 있습니다.

"세상이 불공평하다고 느껴지는가? 그렇다! 세상은 정말로 불공평하다. 이제 그 사실을 당당하게 받아들이자. 불쌍한 자신에 대한 쓸데없는 동정심과 불평을 던져버리자. 그리고 지금 당장 자신에게 진정 도움이 되는 행동이 무엇인지 생각해보고 실천하자. 그 길만이 이 불공평한 세상에서 성공할 수 있는 확실한 방법이다."

우리가 어떤 상황과 문제를 만나도 흔들리지 않고 두려워하지 않을 수 있는 일체의 비결은 문제보다 더 큰 믿음을 소유하는 것입니다. 사도 바울이 말하는 일체의 비결도 바로 이것입니다. 인생의 궁핍이나 풍부를 만난다 할지라도 절대로 흔들리지 않는 큰 믿음이 자신 안에 있다는 것입니다. 내 안에 궁핍을 넘어서는 큰 믿음을 달라고 기도하기 바랍니다.

3. 능력의 주님을 의지하라

"내게 능력 주시는 자 안에서 내가 모든 것을 할 수 있느니라"(빌4:13).

사도 바울이 자신이 처한 모든 궁핍에서 이겨낼 수 있었던 것은 모든 것을 가능하게 하시는 주님이 함께 하심을 믿었기 때문입니다.

바울과 실라가 빌립보 감옥 안에 갇혀 있을 때 기도하고 찬양을 불렀습니다. 그때 기적이 일어나 지진이 나고 옥문이 열리며 매였던 것이 풀어지는 역사를 경험하게 되었습니다. 감옥 안에 있는 사람이 어떻게 기도를 하며 찬양할 수 있습니까? 바울은 비록 감옥 안이지만 능력의 주님이 함께 하는 곳이라 믿었기 때문입니다.

궁핍만 보고 있으면 절망이 찾아오고 남들과 비교하게 되며 낙심이 옵니다. 눈을 들어 모든 것을 가능하게 하시는 주님을 바라봐야 합니다.

"내가 산을 향하여 눈을 들리라 나의 도움이 어디서 올까 나의 도움은 천지를 지으신 여호와에게서로다"(시121:1~2).

하나님을 아버지라고 부르는 순간부터 인생의 모든 필요는 하나님 아버지가 책임지십니다. 모든 것을 채우시는 하나님께 우리의 만족을 두라는 것입니다. 궁핍을 넘어서 풍성함으로 채우시는 능력의 하나님을 경험하며 살아가기 바랍니다.

[피드백]

빈칸에 알맞은 단어는 무엇입니까?

1. "내가 ____하므로 말하는 것이 아니라 어떠한 형편에든지 나는 ____하기를 배웠노니"(빌4:11).

2. "나는 ____에 처할 줄도 알고 풍부에 처할 줄도 알아 모든 일 곧 배부름과 배고픔과 풍부와 궁핍에도 처할 줄 아는 일체의 ____을 배웠노라"(빌4:12).

3. "내가 산을 향하여 눈을 들리라 나의 ____이 어디서 올까 나의 도움은 천지를 지으신 ______에게서로다"(시121:1~2).

[나눔과 적용]

1. 궁핍한 중에서도 지키시고 보호하시는 하나님의 은혜로 자족한 경험이 있다면 나누어 봅시다.

2. 궁핍한 중에 능력의 주님이 함께하심으로 이겨낸 경험이 있다면 나누어 봅시다.

3. 인생의 궁핍이나 풍부에 요동하지 않는 큰 믿음을 소유하기 위해 무엇을 할 수 있을까요?

4. 말씀을 통해 새롭게 깨닫게 되었거나 받은 은혜를 나누어 봅시다.

제36주
의심과 이별하기

♣ **예배 가이드:** 마음을 흔드는 의심의 병을 이기고 오직 믿음으로 구하는 성도가 됩시다.

■ **본문:** 야고보서 1장 2~8절

■ **찬송:** 89장, 257장

■ **요절**

"오직 믿음으로 구하고 조금도 의심하지 말라 의심하는 자는 마치 바람에 밀려 요동하는 바다 물결 같으니"(약1:6)

사람들이 가지고 있는 무서운 마음의 질병 중의 하나가 의심이라는 병입니다. 금방 보기에는 별로 큰 문제가 아닌 것 같지만 미움과 증오, 살인 같은 무서운 죄가 의심으로부터 생기는 것입니다. 화목한 가정을 흔드는 무기가 바로 의심입니다. 신앙생활을 열심히 하는 성도의 열심을 무너뜨리는 것도 의심입니다.

그렇다면 의심과 이별하는 방법은 무엇입니까?

1. 온전히 기쁘게 여기라

"내 형제들아 너희가 여러 가지 시험을 당하거든 온전히 기쁘게 여기라"(약1:2).

우리 안에 두려움과 의심이 찾아올 때 그것을 이길 수 있는 방법을 사도 바울은 '온전히 기쁘게 여기라'고 말합니다. 그런데 두려움으로 의심하는 사람이 어떻게 기뻐할 수 있습니까?

"이는 너희 믿음의 시련이 인내를 만들어내는 줄 너희가 앎이라"(약1:3).

여러 가지 시험에는 반드시 하나님의 뜻하심과 결과가 있다는 것입니다. 의심은 아무것도 만들어내지 못하지만 믿음으로 시련을 이겨내는 자에게는 인내가 생긴다는 것입니다. 인내는 단순히 참는 것이 아닙니다. 그냥 이겨내라는 것이 아닙니다. 성경이 말씀하는 인내는 하나님의 뜻을 기다리라는 것입니다. 하나님의 응답을 믿고 기다리라는 것입니다.

하나님의 응답이 반드시 있음을 기다리며 인내하는 자는 의심하는 것이 아니라 온전히 기뻐할 수 있습니다.

"인내를 온전히 이루라 이는 너희로 온전하고 구비하여 조금도 부족함이 없게 하려 함이라"(약1:4).

인내를 온전히 이루는 자에게는 온전케 하시는 하나님의 응답이 있음을 믿기 바랍니다.

2. 지혜를 구하라

"너희 중에 누구든지 지혜가 부족하거든 모든 사람에게 후히 주시고 꾸짖지 아니하시는 하나님께 구하라 그리하면 주시리라"(약1:5).

의심과 이별하는 두 번째 방법은 지혜를 구하는 것입니다. 다시 말해 지혜가 부족하기 때문에 의심하게 된다는 것입니다.

지식과 지혜는 다릅니다. 지식은 한 번 들으면 깨우칠 수 있지만 지혜는 상황, 환경, 때에 따라 변화됩니다. 지식이 기술이라면 지혜는 판단력입니다. 지식이 이해라면 지혜는 분별력입니다. 왜 의심합니까? 왜 주저합니까? 기술은 있고 이해는 하는데 무엇을 결정해야 할지, 어떻게 나가야 할지를 모르기 때문입니다. 그래서 우리는 날마다 하나님의 지혜를 구해야 합니다.

'모든 사람에게 후히 주시고 꾸짖지 아니하시는 하나님께 구하라 그리하면 주시리라' 이 말씀이 우리에게 큰 위로를 줍니다. 우리는 언제나 지혜가 부족합니다. 우리가 지혜가 없음을 하나님은 이미 알고 계십니다. 그래서 지혜가 없다고 하나님께 구하는 자에게 하나님은 비난하지 않으시고 오히려 넘치게 주시는 분이십니다.

문제는 지혜가 없으면서 구하지도 않고, 지혜 있는 척을 하는 사람입니다. 하나님이 주시는 지혜를 얻어 의심과 이별하기 바랍니다.

3. 오직 믿음으로 구하라

"오직 믿음으로 구하고 조금도 의심하지 말라 의심하는 자는 마치 바람에 밀려 요동하는 바다 물결 같으니"(약1:6).

언제 의심합니까? 구하는 것을 얻지 못할 것 같을 때 의심합니다. 사람은 구하는 것을 모두 들어줄 수 없기 때문에 의심을 하게 되지만 하나님은 우리가 구하는 모든 것을 들어주시고 응답하시는 분이시기에 의심할 필요가 없습니다.

'오직 믿음으로 구하라'는 말은 전적으로 하나님을 신뢰하라는 뜻입니다. 50%, 70%만 믿음으로 구하는 것이 아니라 100% 응답받을 믿음으로 구하라는 것입니다.

오늘 '의심하지 말라'는 것은 사람을 믿거나 세상을 믿는 것, 누가 무슨 말을 하든지 어떤 일이 일어나든지 의심하지 말고 순수하게 다 믿고 받아들이라는 것이 아닙니다. 세상은 믿을 수 없고, 사람은 믿을 수 없습니다.

그러나 절대로 의심하지 말아야 할 것은 하나님을 향한 믿음입니다. 하나님을 향한 믿음은 의심하지 말고, 하나님께 믿음으로 구하고 기도한 것은 절대로 의심하지 말아야 합니다. 왜냐하면 하나님은 반드시 우리의 기도에 응답하시는 분이기 때문입니다. 믿을 사람 아무도 없는 세상에서 오직 믿고 의지할 분은 바로 우리 주님뿐입니다.

[피드백]

빈칸에 알맞은 단어는 무엇입니까?

1. "내 형제들아 너희가 여러 가지 _____을 당하거든 온전히 기쁘게 여기라"(약1:2).

2. "오직 _____ 으로 구하고 조금도 의심하지 말라 의심하는 자는 마치 바람에 밀려 요동하는 바다 _____ 같으니"(약1:6).

3. "이는 너희 _____의 시련이 _____를 만들어 내는 줄 너희가 앎이라"(약1:3).

[나눔과 적용]

1. 시험을 만나서 의심이 찾아올 때 온전히 기뻐함으로 승리한 경험이 있다면 함께 나누어 봅시다.

2. 하나님께서 주신 지혜로 인하여 마음의 의심을 물리친 경험이 있다면 나누어 봅시다.

3. 의심하지 않고 하나님을 믿을 때 하나님은 우리의 고난을 어떻게 이끄시는지 생각해 봅시다.

4. 말씀을 통해 새롭게 깨닫게 되었거나 받은 은혜를 나누어 봅시다.

제37주
욕심과 이별하기

♣ **예배 가이드:** 세상을 사랑하지 말고, 영원한 것을 구하며 하나님만 사랑하는 성도가 됩시다.

■ **본문:** 요한일서 2장 15~17절

■ **찬송:** 50장, 218장

■ **요절**

"이 세상이나 세상에 있는 것들을 사랑하지 말라 누구든지 세상을 사랑하면 아버지의 사랑이 그 안에 있지 아니하니"(요일2:15)

하나님께서 사람을 만드시고 에덴동산에 있는 모든 것을 다 주셨습니다. 그런데 동산 중앙에 있는 한 그루의 나무 선악과만은 손대지 말라고 하십니다. 그런데 먹지 말라고 한 그 하나를 아담과 하와는 먹습니다. 인간의 죄의 시작은 바로 욕심에서 시작되었고, 그 욕심이 끊임없이 우리에게 고통을 주고 있습니다.

1. 세상을 사랑하지 말라

"이 세상이나 세상에 있는 것들을 사랑하지 말라 누구든지 세상을 사랑하면 아버지의 사랑이 그 안에 있지 아니하니"(요일2:15).

기독교는 사랑의 종교입니다. 그런데 '사랑하지 말라'는 말씀이 나옵니다. 그 대상이 무엇입니까? 바로 이 세상, 세상에 있는 것들입니다. 이는 하나님이 만드신 세상이 아닌 사람이 만든 세상, 죄가 만든 세상입니다.

"우리의 씨름은 혈과 육을 상대하는 것이 아니요 통치자들과 권세들과 이 어둠의 세상 주관자들과 하늘에 있는 악의 영들을 상대함이라"(엡6:12).

이 세상은 어둠의 세상 주관자들과 악한 영들이 주관하고 있습니다. 이런 세상의 것들을 사랑하지 말라는 말씀입니다.

욕심과 이별하기 위해서 우리에게 필요한 첫 번째는 사랑해야 할 것과 사랑하지 말아야 할 것을 분별하는 것입니다. 이 세상에 속한 것과 하나님께 속한 것이 무엇인지 알아야 합니다. 세상을 사랑하며 하나님이 원하지 않는 것을 사랑한다면 지금 하나님의 사랑에서 떨어져 있는 것입니다. 하나님 아버지의 사랑 안에 날마다 거함으로 욕심과 이별하기 바랍니다.

2. 세상으로부터 온 것을 사랑하지 말라

"이는 세상에 있는 모든 것이 육신의 정욕과 안목의 정욕과 이생의 자랑이니 다 아버지께로부터 온 것이 아니요 세상으로부터 온 것이라"(요일 2:16).

세상에서 온 것이 있고 아버지께로부터 온 것이 있다는 것입니다.

'육신의 정욕'은 육신이 갈망하는 것, 본능적으로 원하는 것입니다. 이는 육신에 속한 자 즉 하나님께 속하지 않은 자의 욕심입니다.

'안목의 정욕'은 눈에 보는 대로 갖고 싶어 하는 마음 즉 탐심을 의미하고 있습니다. '견물생심(見物生心)'은 물건을 보면 마음이 생긴다는 뜻입니다. 보면 볼수록 욕심이 생기는 것입니다. 죄를 몰랐을 때는 죄에 대한 쾌락을 알지 못하다가 한 번 맛보게 되면 더 중한 죄를 반복적으로 구하게 됩니다.

'이생의 자랑'은 자기 정욕의 끝은 결국 자기 만족, 자기 자랑이 되어 버립니다. 내 안에 머물러 있는 욕심이 밖으로 나와 자신의 영광, 자신의 자랑이 되는 것입니다.

세상으로부터 온 것들과 이별하는 방법이 무엇입니까? 하나님으로부터 얻는 최상의 것을 소유하면 됩니다. 하나님이 주시는 가장 큰 기쁨을 깨닫는 자는 세상의 것에 욕심내지 않습니다.

3. 영원한 것을 구하라

"이 세상도 그 정욕도 지나가되 오직 하나님의 뜻을 행하는 자는 영원히 거하느니라"(요일2:17).

우리가 살아가면서 욕심과 완전히 이별할 수 있습니까? 세상에 욕심없이 살아갈 수 있는 사람이 있습니까? 없습니다. 아무리 욕심을 버리라고 말해도 우리 안에 자리 잡은 욕심에 대한 갈망은 쉽게 놓지 못합니다.

어떻게 해야 할까요? 세상의 욕심보다 더 큰 것을 바라보면 세상의 욕심을 버릴 수 있습니다. 왜 우리가 세상의 욕심을 버려야 합니까? '이 세상도 그 정욕도 지나가되' 결국 사라져 버린다는 것입니다. 사라져 버릴 것에 왜 마음을 두고 욕심을 내고 있느냐는 말씀입니다. 내가 죽어서도 지킬 수 있는 것이라면 그것은 욕심내도 좋습니다. 그러나 이 땅에서 우리가 떠날 때 사라질 것들이라면 거기에 욕심내지 마시기 바랍니다.

반대로 영원한 것에는 욕심을 내야 합니다. 하나님께 속한 것, 저 천국에 속한 것이 가장 귀한 것입니다. 우리가 영원한 것에 욕심을 내면 우리 삶에 필요한 모든 것은 하나님이 채워주십니다.

"그런즉 너희는 먼저 그의 나라와 그의 의를 구하라 그리하면 이 모든 것을 너희에게 더하시리라"(마6:33).

세상에 없어질 것에 욕심을 내지 말고 영원한 천국을 바라보며 하나님이 기뻐하시는 영원한 상급에 욕심을 내며 살아가기 바랍니다.

[피드백]

빈칸에 알맞은 단어는 무엇입니까?

1. "우리의 ______은 혈과 육을 상대하는 것이 아니요 통치자들과 권세들과 이 어둠의 세상 주관자들과 하늘에 있는 ___의 영들을 상대함이라"(엡 6:12).

2. "이 ______도 그 정욕도 지나가되 오직 하나님의 ___을 행하는 자는 영원히 거하느니라"(요일2:17).

3. "그런즉 너희는 먼저 그의 ______와 그의 ___를 구하라 그리하면 이 모든 것을 너희에게 더하시리라"(마6:33).

[나눔과 적용]

1. 세상을 더 사랑하고 있어서 하나님 사랑하는 것을 가로막고 있는 것이 무엇인지 생각해 봅시다.

2. 육신의 정욕과 안목의 정욕과 이생의 자랑 중에서 나의 연약한 부분이 있다면 나누어 봅시다.

3. 세상의 정욕과 자랑에서 이별하기 위하여 가장 먼저 해야할 것이 무엇인지 나누어 봅시다.

4. 말씀을 통해 새롭게 깨닫게 되었거나 받은 은혜를 나누어 봅시다.

제38주
씨 뿌리는 자의 비밀

♣ **예배 가이드:** 풍성한 결실을 맺는 밭과 같이 주님 주시는 은혜와 사명을 감당함으로 열매 맺는 신앙이 됩시다.

■ **본문:** 마태복음 13장 3~9절

■ **찬송:** 496장, 591장

■ **요절**

"더러는 좋은 땅에 떨어지매 어떤 것은 백 배, 어떤 것은 육십 배, 어떤 것은 삼십 배의 결실을 하였느니라"(마13:8)

농부가 농사를 짓기 위해서 가장 먼저 하는 것은 씨를 뿌릴 밭을 준비하는 것입니다. 아무 땅이나 씨앗을 뿌린다고 밭이 되는 것이 아닙니다. 식물이 자라고 열매를 맺는 밭이 되기 위해서는 나무뿌리도 뽑아야 하고, 잡초도 뽑고, 땅을 기경해서 말 그대로 밭을 만들어야 합니다. 경험이 많고 숙련된 농부는 땅만 봐도 이 땅이 얼마나 좋은 땅인지를 금방 알 수 있고, 이런 땅에는 어떤 종류의 식물을 심어야 잘 자랄 수 있는지 알 수 있습니다.

그러면 씨 뿌리는 자의 비밀은 무엇일까요?

1. 농부는 밭을 본다

"예수께서 비유로 여러 가지를 그들에게 말씀하여 이르시되 씨를 뿌리는 자가 뿌리러 나가서"(마13:3).

예수님의 비유의 말씀에서 씨를 뿌리는 자, 농부는 누구를 말하는 것입니까? 말씀을 가르쳐주고 계신 예수님, 말씀을 주시는 하나님을 의미합니다. 뿌리는 씨앗은 무엇을 의미하는 것입니까? 하나님의 말씀, 생명의 말씀입니다. 즉 농부이신 하나님께서 말씀의 씨앗을 뿌리신다는 것입니다.

농부와 씨앗은 동일한데 무엇이 차이가 있는 것입니까? 밭에 차이가 있다는 것입니다. 씨 뿌리는 자의 시선에서 본다면 씨를 뿌리려고 하는데 네 종류의 밭 길가, 돌밭, 가시덤불이 무성한 밭, 옥토가 있다면 소중한 씨앗을 어느 밭에 뿌리겠습니까? 어리석은 농부가 아니라면 당연히 옥토에 씨앗을 뿌릴 것입니다.

우리의 신앙과 믿음은 씨 뿌리는 자이신 하나님께서 생명의 씨앗, 소중한 능력의 씨앗을 뿌리실만한 옥토밭으로 준비되어 있습니까? 우리가 풍성한 결실을 맺기 위해서는 씨 뿌리시는 하나님의 마음을 헤아려야 합니다. 나 자신을 돌아볼 때 하나님이 나에게 복을 주시고, 하나님이 나를 잘 되게 하시며 내가 바라는 기도에 응답해 주신다면 나는 그 복에 감사하며 더 큰 결실을 가지고 모든 영광을 하나님께 돌릴 준비가 된 사람인지 돌아보고 생각해 봐야 합니다.

씨 뿌리는 자이신 하나님이 우리의 마음의 밭을 보고 씨앗을 뿌려주시는 것이 바로 씨 뿌리는 자의 비밀입니다.

2. 결실을 본다

"더러는 좋은 땅에 떨어지매 어떤 것은 백배, 어떤 것은 육십 배, 어떤 것은 삼십 배의 결실을 하였느니라"(마13:8).

주님은 옥토에 뿌려진 씨앗이 거두는 결실은 기본이 100배라고 말씀하십니다. 벼 이삭 하나를 심어서 쌀알 30개, 60개를 건지는 것보다 벼 이삭 하나에 100개, 1000개는 거둘 생각으로 심는 것입니다. 그래야 뿌린 수고의 대가가 나오는 것입니다. 그러다 좀 못하면 60배, 최악이라 하더라도 30배는 거두어야 한다는 것입니다.

나 한 사람이 예수를 믿음으로 나만 구원받는 게 아니라 내 평생 100명에게는 복음을 전하고 예수님을 믿게 해야 하는 것 아닐까요?

나 한 사람이 신앙의 뿌리를 내려서 내 때에만 예수님을 믿는 가정이 되는 것이 아니라 우리 가문에서 앞으로 100년 이상, 30년이 한 세대라면 3대, 4대, 5대까지 예수님을 믿는 가문으로 만들어야 합니다. 내가 주님께 수고하고 헌신한 것들이 100배의 결실을 맺게 해달라고 기도해야 한다는 것입니다.

'100배'라는 것은 단순히 숫자만을 의미하는 것이 아닙니다. 풍성하고 흡족한, 아니 그 이상의 결실을 맺었다는 뜻입니다. 옥토밭에 기대하는 씨 뿌리는 자의 기대치가 바로 이것입니다. 어떤 사람은 한 가지 일만 잘하는 사람이 있습니다. 그런데 어떤 사람은 어떤 일을 맡겨도 잘하는 사람이 있습니다. 만약에 사람을 쓴다면 어떤 사람을 쓰시겠습니까? 하나밖에 못하는 사람이 아니라 무엇을 맡기든지 넉넉히 감당하는 사람을 쓸 것입니다.

옥토와 같은 심령, 옥토와 같은 성도는 누구입니까? 어떤 말씀을 주시든 은혜받을 준비가 되어 있는 성도입니다. 어떤 사명을 주시든 그것을 가지고 결실을 맺을 준비가 되어 있는 성도입니다.

오늘 나에게 주신 하나님의 은혜, 오늘 나에게 맡겨주신 사명을 옥토와 같이 잘 감당하여서 풍성한 열매로 씨뿌리는 자를 기쁘시게 하는 성도가 되기 바랍니다.

[피드백]

빈칸에 알맞은 단어는 무엇입니까?

1. "큰 ____가 그에게로 모여 들거늘 예수께서 __에 올라가 앉으시고 온 무리는 해변에 서 있더니"(마13:2).

2. "예수께서 ____로 여러 가지를 그들에게 말씀하여 이르시되 __를 뿌리는 자가 뿌리러 나가서"(마13:3).

3. "___ 있는 자는 ________ 하시니라"(마13:9).

[나눔과 적용]

1. 현재 나의 마음밭은 어떤 상태인가요? 옥토와 같은 마음을 갖기 위해 어떤 노력이 필요할까요?

2. 어떻게 하면 우리가 옥토와 같은 목장이 될 수 있을까요? 서로를 격려하고, 말씀을 나누며, 함께 기도하는 시간을 갖는 등 구체적인 방법을 생각해 봅시다.

3. 목장과 교회가 사회 안에서 어떤 열매를 맺을 수 있을까요? 봉사 활동, 선교, 전도 등 다양한 활동을 통해 우리의 믿음을 실천하고, 공동체에 기여할 수 있는 방안을 모색해 봅시다.

4. 말씀을 통해 새롭게 깨닫게 되었거나 받은 은혜를 나누어 봅시다.

제39주
첫 열매의 의미

♣ **예배 가이드:** 첫 열매의 의미를 깨달아 범사에 하나님을 인정하고, 경외함으로 복을 얻는 성도가 됩시다.

■ **본문:** 잠언 3장 5~10절

■ **찬송:** 79장, 429장

■ **요절**

"너는 마음을 다하여 여호와를 신뢰하고 네 명철을 의지하지 말라"(잠3:5)

"네 재물과 네 소산물의 처음 익은 열매로 여호와를 공경하라 그리하면 네 창고가 가득히 차고 네 포도즙 틀에 새 포도즙이 넘치리라"(잠3:9~10).

'첫 열매'라는 것은 무엇일까요? 히브리 원어의 의미는 두 가지로 해석됩니다. 'The First(태초, 시작, 처음)'이라는 뜻과 'The Best(제일 가는, 으뜸이 되는)'의 의미를 가집니다. 첫 열매의 의미는 무엇일까요?

1. 범사에 하나님을 인정하는 것

"너는 범사에 그를 인정하라 그리하면 네 길을 지도하시리라"(잠3:6).

남녀의 차이를 다룬 베스트셀러 '화성에서 온 남자, 금성에서 온 여자'에 보면 이런 질문을 합니다. '남자와 여자는 모두 무엇을 원하는가?' 이 질문의 답은 '그들은 모두 인정받기를 원한다'입니다. 그런데 남자와 여자가 인정받기를 원하는 부분이 다르다고 합니다. 남자는 자신의 능력을 인정받고 싶어합니다. 반면 여자가 원하는 것은 자신의 존재 자체, 존재의 가치를 인정받고 싶어합니다.

하나님은 우리에게 무엇을 원하실까요? 우리가 하나님을 인정하기를 원하십니다. '너는 범사에 그를 인정하라'에서 '인정하다'는 말은 '동참케 하다, 깨닫다, 간섭하다, 허락하다'라는 것을 의미합니다. 모든 것에 하나님이 함께 하심을 깨닫고 하나님이 함께 하시기를 구하고, 하나님이 간섭하시기를 바라는 것입니다. 이것이 하나님을 기쁘시게 하는 첫 열매가 되는 것입니다. 나의 모든 결실은 하나님이 도우신 것이고, 열매를 맺도록 하나님이 인도하셨고, 하나님이 베풀어 주셨다고 하나님을 인정하는 것입니다.

2. 하나님을 경외하는 것

"스스로 지혜롭게 여기지 말지어다 여호와를 경외하며 악을 떠날지어다"(잠3:7).

'하나님을 경외한다'는 것은 영어로 'Fear God'입니다. 'Fear'은 '두려워하다'는 뜻입니다. 그렇다면 하나님을 두려워하라, 무서워하라는 것일까요? 아닙니다. 하나님은 우리를 억압하시고 고통을 주시는 분이 아니십니다.

하나님을 경외하라는 것은 전능하신 하나님의 능력 아래 순복하라는 것입니다. 하나님의 크신 영광 아래 거하라는 뜻입니다. 하나님을 진정으로 경외하는 사람은 하나님의 크신 능력과 영광 아래 순복하여 스스로 자발적인 헌신을 하고 자발적인 감사를 하게 됩니다.

첫 열매의 의미가 바로 이것입니다. 어쩔 수 없이 하나님을 경외하는 것이 아니라 하나님이 주신 은혜에 스스로 감사하고, 자발적으로 헌신하며 하나님께 영광을 올려 드리는 것입니다.

"이것이 네 몸에 양약이 되어 네 골수를 윤택하게 하리라"(잠3:8).

세상에 억지로 하는 것만큼 힘든 것이 또 없습니다. 근심만 커지고 고민만 길어집니다. 하나님의 크신 은혜를 내가 입은 사람인가 점검한다면 섬김이 기쁨이 되고 순종이 은혜가 될 것입니다.

3. 풍성한 열매를 기대하는 것

"그리하면 네 창고가 가득히 차고 네 포도즙 틀에 새 포도즙이 넘치리라"(잠3:10).

첫 열매를 시작으로 계속해서 열매가 맺어져야 하고 해마다 수확의 양이 늘어나게 되면 결국 풍성한 열매를 맺게 되는 것입니다. 그래서 첫 열매가 중요한 것입니다. 첫 열매를 맺을 때 수고하고 노력하는 것이 중요하고 첫 열매를 하나님께 드림으로 앞으로 주실 풍성한 열매를 기대하는 것입니다.

하나님께서 왜 소득의 십일조를 하나님의 것으로 첫 열매로 드리라고 하십니까? 첫 열매가 끝이 아니라 시작이기 때문입니다. 하나님은 더 풍성한 열매로 우리에게 채워주시기를 원하십니다.

첫 열매를 맺는 것은 어렵습니다. 원래 첫 농사의 수확이 가장 적습니다. 그런데 그 밭에서, 그 나무에서 계속해서 열매를 맺게 되면 처음과는 비교할 수 없을 만큼 풍성한 수확을 얻게 됩니다. 이것이 바로 첫 열매의 의미입니다.

우리의 모든 삶은 하나님이 함께 하셔야 열매를 맺을 수 있습니다. 하나님을 경외하세요. 자발적인 헌신, 자발적인 기쁨으로 하나님을 섬기기 바랍니다. 그리고 첫 열매를 하나님께 드리기 바랍니다. 나의 모든 처음을 하나님께 드릴 때 하나님은 반드시 풍성한 열매로 채워주십니다.

[피드백]

빈칸에 알맞은 단어는 무엇입니까?

1. “너는 ____ 에 그를 인정하라 그리하면 네 길을 ____하시리라”(잠3:6).

2. “네 재물과 네 소산물의 ____ 익은 열매로 여호와를 공경하라”(잠3:9).

3. “이것이 네 몸에 ____이 되어 네 ____를 윤택하게 하리라”(잠3:8).

[나눔과 적용]

1. 내 삶에서 가장 먼저 드리고 싶은 첫 열매는 무엇인가요? 시간, 재능, 물질 중 어떤 것을 하나님께 드리고 싶은지 구체적으로 생각해 봅시다.

2. 삶의 어떤 부분에서 하나님의 인도하심을 경험했는지 구체적인 예를 들어 나누어 봅시다. 하나님의 인도하심을 경험했을 때 어떤 감정을 느꼈나요?

3. 하나님을 경외한다는 것은 단순히 두려워하는 것이 아니라 하나님을 존경하고 사랑하며 순종하는 것을 의미합니다. 일상에서 어떻게 하나님을 경외할 수 있을까요?

4. 말씀을 통해 새롭게 깨닫게 되었거나 받은 은혜를 나누어 봅시다.

제40주
열매를 많이 맺는 나무

♣ **예배 가이드:** 참 포도나무이신 예수님 안에 거함으로 복음의 풍성한 열매를 맺는 성도가 됩시다.

■ **본문:** 요한복음 15장 1~8절

■ **찬송:** 284장, 499장

■ **요절**

"나는 참 포도나무요 내 아버지는 농부라"(요15:1)

농사를 짓는데 중요한 것 중에 하나가 바로 '가지치기'입니다. 사전적 의미는 "나무의 겉모양을 고르게 하고 과실의 생산을 늘리기 위해 나뭇가지의 일부를 잘라 주는 일"입니다.

가지치기가 과수목에만 적용될까요? 아닙니다. 우리가 살아가는 삶에서도 필요한 순간이 있습니다. 언제 필요할까요? 관계의 가지치기입니다. 인간관계가 너무 복잡할 때, 한쪽으로 너무 많은 에너지를 빼앗길 때는 과감하게 가지치기를 해야 합니다. 또 습관의 가지치기도 있습니다. 잘못된 습관, 잘못된 행동은 가지치기를 해야 합니다. 성도의 삶에서의 가지치기는 자꾸 죄의 습관에 빠지게 하고, 과거의 세상 자랑으로 돌아가게 만드는 것은 가지치기를 해야 합니다. 이 모든 가지치기는 열매를 많이 맺게 하기 위함입니다.

어떤 나무가 열매를 많이 맺는 나무일까요?

1. 좋은 품종을 가진 나무

"나는 참 포도나무요 내 아버지는 농부라"(요15:1).

같은 나무라도 좋은 품종의 나무가 있습니다. 우리나라에서 최고 품종의 소나무는 금강송입니다. 소나무의 왕이라고 불립니다.

본문에 예수님은 우리에게 포도나무의 비유로 말씀하시면서 주님을 '참 포도나무(the true vine)'라고 말씀합니다. 세상의 어떤 것과 비교할 수 없는 최고의 품종이라는 것입니다.

나무와 가지를 분리해서 말할 수 있습니까? 나무는 최고인데 가지는 싸구려 품종이라 말할 수 없습니다. 최고의 포도나무인 주님께 붙어있는 우리도 최고의 가지들이라는 것입니다.

예수님이 말씀을 시작하시면서 '나는 참 포도나무요'라고 말씀하신 것은 자신이 참 포도나무이니 나를 믿는 너희들, 내 안에 붙어 있는 자들도 최고의 열매를 만들어 낼 수 있는 가지들임을 확인하시는 것입니다. 주님께서 우리 삶에 최고의 것으로 열매 맺게 하심을 믿으시기 바랍니다.

영국의 목회자인 오스왈드 챔버스는 "어떤 여건 속에서도 가장 좋은 것은 아직 오지 않았다"라고 항상 고백했습니다. 주님 안에 거하는 자에게는 항상 최고의 것, 가장 좋은 것으로 역사하심을 믿으시기 바랍니다.

2. 좋은 열매를 맺는 나무

"무릇 내게 붙어있어 열매를 맺지 아니하는 가지는 아버지께서 그것을 제거해 버리시고 무릇 열매를 맺는 가지는 더 열매를 맺게 하려 하여 그것을 깨끗하게 하시느니라"(요15:2).

최고의 베테랑 농부이신 하나님이 최고의 품종인 포도나무를 기르는데 열매를 못 맺을 이유는 하나도 없습니다. 만약에 열매를 맺지 못한다면 그것은 가지의 잘못입니다. 좋은 환경에, 좋은 돌봄을 받으면서도 그것을 깨닫지 못하는 것입니다.

'깨끗하게 한다'는 말은 원어로 '카페이' 영어로 'prune' 즉 '가지치기'입니다. 하나님이 가지치기를 하신다는 거입니다. 열매를 맺는 자는 더 많은 열매, 양질의 열매를 얻게 도와주신다는 것입니다. 최고의 나무이신 예수님 안에 있어 최고의 열매를 풍성히 맺기 바랍니다.

3. 많은 열매를 맺는 나무

"나는 포도나무요 너희는 가지라 그가 내 안에 내가 그 안에 거하면 사람이 열매를 많이 맺나니 나를 떠나서는 너희가 아무것도 할 수 없음이라"(요15:5).

좋은 나무는 어떤 나무입니까? 열매를 많이 맺는 나무입니다. 많은 열매를 맺는 비결이 무엇일까요? 바로 예수님 안에 있어야 한다고 말씀합니다. 그리고 내 안에 예수님이 계셔야 한다고 말씀합니다. 주님과 나와의 소통을 말씀하시는 것입니다.

좋은 나무는 그 나무에 맺어진 풍성한 열매를 통해 알 수 있듯 주님 안에 거하는 우리의 삶에 맺어지는 열매들을 보고 세상은 예수님을 보게 되고 예수님 안에 풍성한 열매가 있음을 보게 됩니다.

우리가 풍성한 열매를 맺어야 하는 목적이 여기에 있습니다. 결국 우리 삶의 모든 것들은 누구를 드러내는 것입니까? 예수님은 열매를 많이 맺게 하는 나무라는 것을 드러내야 하는 것입니다. 열매를 맺어서 내가 잘 먹고 잘 사는게 아닙니다. 열매를 맺어서 내가 얼마나 성공한 사람인지를 보여주는 것이 아닙니다. 열매를 통해 나무되신 주님을 보게 해야 합니다.

그래서 세상에서 열매를 맺지 못하고 살아가는 자들에게, 고난과 궁핍 중에 있는 자들에게 예수님 안에 있어야 열매를 맺는구나, 예수 안에 있어야 살 수 있구나 라는 것을 보여주어야 합니다. 이것이 예수가 내 안에, 내가 예수 안에 거함으로 열매를 많이 맺는 자의 사명인 것입니다.

[피드백]
빈칸에 알맞은 단어는 무엇입니까?

1. "나는 ____ 요 내 아버지는 ____라"(요15:1).

2. "무릇 내게 붙어있어 ____를 맺지 아니하는 가지는 아버지께서 그것을 제거해 버리시고 무릇 열매를 맺는 가지는 더 열매를 맺게 하려 하여 그것을 ____하게 하시느니라"(요15:2).

3. "나는 ________요 너희는 ____라 그가 내 안에 내가 그 안에 거하면 사람이 열매를 많이 맺나니 나를 떠나서는 너희가 아무것도 할 수 없음이라"(요15:5).

[나눔과 적용]

1. 내 삶에서 가지치기가 필요한 부분은 무엇일까요? 불필요한 관계, 습관, 생각 등을 돌아보고 건강한 삶을 위해 어떤 가지치기를 해야 할 지 생각해 봅시다.

2. 나는 예수님과 얼마나 깊이 연결되어 있나요? 예수님과의 관계를 더욱 깊게 하기 위해 어떤 노력을 할 수 있을까요?

3. 우리가 풍성한 열매를 맺는 것을 방해하는 가장 큰 요소는 무엇이라고 생각하나요? 이러한 방해 요소를 극복하기 위해 어떤 도움이 필요할까요?

4. 말씀을 통해 새롭게 깨닫게 되었거나 받은 은혜를 나누어 봅시다.

제41주
눈물로 뿌리고 기쁨으로 거두리라

♣ **예배 가이드:** 기쁨으로 거두게 하실 하나님을 기대하며 소망으로 씨를 뿌리는 성도가 됩시다.

■ **본문:** 시편 126편 1~6절

■ **찬송:** 288장, 496장

■ **요절**

"눈물을 흘리며 씨를 뿌리는 자는 기쁨으로 거두리로다"(시126:5)

영어 속담에 'No pain, No gain'이라는 말이 있습니다. '고통이 없으면 얻는 것도 없다'는 뜻입니다. 반대로 말하면 고통이 있어야 얻는 것이 있다는 말입니다. 우리는 풍성한 열매를 맺어야 하는데 그 열매는 결코 쉽게 맺어지는 것이 아닙니다. 열매에는 반드시 눈물의 씨뿌림이 있어야 하고 인내의 시간과 연단의 노력이 있어야지만 열매가 맺어지기 때문입니다.

1. 소망의 씨앗을 심으라

"여호와께서 시온의 포로를 돌려 보내실 때에 우리는 꿈꾸는 것 같았도다"(시126:1).

농부가 밭에 뿌리는 씨앗에는 그 씨앗을 통해 풍성한 결실을 맺게 하려는 소망이 담겨 있습니다. 농부는 씨앗만 뿌리는 것이 아니라 소망을 뿌리는 것입니다. 소망이 없는 자, 미래에 대한 기대가 없는 사람은 아무리 창고에 씨앗이 쌓여있어도 밭에 뿌리러 나가지 않습니다. 따라서 심는데는 반드시 소망이 있어야 합니다.

"소망의 하나님이 모든 기쁨과 평강을 믿음 안에서 너희에게 충만하게 하사 성령의 능력으로 소망이 넘치게 하시기를 원하노라"(롬15:13).

본문은 이스라엘 백성들이 포로로 있을 때 감사하며 찬양의 시를 기록한 것입니다. 포로된 이스라엘 백성들은 하나님께서 자신들에게 자유를 주실 것을 꿈꾸고 있었습니다. 그리고 드디어 그날이 되었을 때 '우리는 꿈꾸는 것 같았도다'라며 고백합니다.

소망이 없는 사람, 꿈꾸지 않는 사람들은 모든 것이 우연이라고, 어쩌다 이루어진 일이라고 말합니다. 그러나 간절히 바라고 소망하며 씨를 뿌리는 자는 모든 것이 하나님께서 역사하신 것이고, 하나님이 우리의 기도에 응답하신 열매임을 깨닫게 됩니다.

2. 위대한 일을 기대하라

"여호와께서 우리를 위하여 큰 일을 행하셨으니 우리는 기쁘도다"(시 126:3).

풍성한 열매를 얻기 위해서는 하나님이 그려가시는 큰 그림을 볼 줄 알아야 합니다. '큰 그림을 본다'는 것은 눈앞에 보이는 것들에 마음을 빼앗기지 않는 것입니다. 당장에 일어나는 일들 때문에 두려워하고 포기하지 않는 것입니다.

'큰 일'이라는 말의 원어의 뜻은 '위대한 일'입니다. 원어대로 해석하면 '하나님이 우리를 위하여 위대한 일을 행하셨다'는 것입니다. 하나님은 작은 일, 소소한 일, 보통의 일을 하시는 분이 아니라 위대한 일을 행하시는 분이심을 믿기 바랍니다. 하나님이 내 삶에 위대한 일을 행하심을 믿는 사람은 하나님을 향한 위대한 계획을 갖습니다.

윌리엄 캐리 선교사가 이런 말을 했습니다. '하나님으로부터 위대한 일들을 기대하라. 하나님을 위해 위대한 일들을 성취하라(Expect great things from God, attempt great things for God)' 한낱 구두 수선공이었던 그가 위대하신 하나님을 만남으로 그는 위대한 꿈을 꾸게 되었고 그 위대한 꿈으로 인하여 하나님을 위한 위대한 일을 행하는 자가 되었습니다.

눈앞에 보이는 작은 것에 낙심하지 말고 언제쯤 내 인생에 기적이 일어날까, 기쁜 날이 올까 하나님이 그려가시는 큰 그림을 보게 해 달라고 기대하고 기도하기 바랍니다.

3. 기쁨으로 단을 거두라

"울며 씨를 뿌리러 나가는 자는 반드시 기쁨으로 그 곡식 단을 가지고 돌아오리로다"(시126:6).

'인내는 쓰나 그 열매는 달다'라고 말합니다. 씨를 뿌리고 그 씨가 결실을 맺기까지는 눈물의 시간이 필요하지만 맺혀있는 열매를 볼 때는 반드시 기쁨이 찾아오는 것입니다.

하나님은 반드시 결실을 맺게 하시는데 중요한 것은 결실의 때에 기뻐할 줄 아는 자가 되어야 한다는 것입니다. 어떤 분들은 기도 응답이 되어도 전혀 기뻐하지 않는 분들이 있습니다. 삶 가운데 하나님이 복을 주셔도 그 기쁨이 오래가지 못하는 분들이 있습니다. 자녀를 낳게 해달라고 기도했더니 그 자녀 때문에 속 썩는다고 근심하고, 자녀가 좋은 학교에 입학하게 해달라고 기도했더니 자녀가 공부를 못 한다고 근심하고, 자녀가 좋은 직장에 다니게 해달라고 기도했더니 자녀가 결혼을 못 한다고 근심합니다. 이 사람은 마치 걱정과 근심을 바라보며 씨를 뿌리는 사람 같습니다.

눈물로 씨를 뿌렸다면 기쁨으로 단을 거두어야 합니다. 감사의 기쁨, 응답의 기쁨 이것은 하나님이 나와 함께하신다는 확신의 기쁨입니다. 기쁨으로 단을 거두게 될 때 기쁨 위에 더 큰 기쁨으로 채워주시는 하나님의 은혜를 경험할 것입니다.

[피드백]

빈칸에 알맞은 단어는 무엇입니까?

1. “소망의 하나님이 모든 ____과 평강을 ____ 안에서 너희에게 충만하게 하사 성령의 능력으로 ____이 넘치게 하시기를 원하노라”(롬15:13).

2. “여호와께서 우리를 위하여 ___ 일을 행하셨으니 우리는 ____도다”(시126:3).

3. “_____ 씨를 뿌리러 나가는 자는 반드시 _____으로 그 곡식 단을 가지고 돌아오리로다”(시126:6).

[나눔과 적용]

1. 현재 내가 품고 있는 소망은 무엇인가요? 이 소망을 위해 어떤 노력을 하고 있나요?

2. 내 삶에서 눈물로 뿌린 씨앗은 무엇이었나요? 그 씨앗이 어떤 열매를 맺었나요?

3. 우리 목장이 함께 이루고 싶은 소망은 무엇인가요? 이 소망을 위해 어떤 노력을 함께 할 수 있을까요?

4. 말씀을 통해 새롭게 깨닫게 되었거나 받은 은혜를 나누어 봅시다.

제42주
풍성한 열매의 조건

♣ **예배 가이드:** 오직 하나님만 신뢰하며 은혜 안에 거함으로 풍성한 열매를 얻는 성도가 됩시다.

■ **본문:** 예레미야 17장 5~8절

■ **찬송:** 197장, 350장

■ **요절**

"그러나 무릇 여호와를 의지하며 여호와를 의뢰하는 그 사람은 복을 받을 것이라"(렘17:7)

우리가 풍성한 열매를 맺기 위해서는 무엇이 필요합니까? 먼저 일할 수 있는 땅이 필요합니다. 우리가 일하는 땅은 어디입니까? 세상이 아닙니다. 믿음의 성도는 하나님 안에 일하고 하나님이 주시는 것들로 살아가는 것입니다. 그리고 하나님은 수고하고 헌신하고 땀 흘려 일한 자에게 수고한 것 이상의 것으로 100배, 60배, 30배 차고 넘치게 채워주시는 하나님이심을 믿으시기 바랍니다.

풍성한 열매를 맺는 조건은 무엇입니까?

1. 사람을 믿지 말고 하나님을 믿으라

"여호와께서 이와 같이 말씀하시니라 무릇 사람을 믿으며 육신으로 그의 힘을 삼고 마음이 여호와에게서 떠난 그 사람은 저주를 받을 것이라"(렘17:5).

'사람은 믿음의 대상이 아니라 사랑의 대상이다'라는 말이 있습니다. 사람이 믿음의 대상이 되면 그 사람을 의지하게 되고 모든 것을 기대하게 됩니다. 그런데 사람은 완벽하지 못하기 때문에 기대를 충족시키지 못합니다. 그러면 실망하게 되고 상처를 받게 됩니다. 반면 사람이 사랑의 대상이 되면 용서가 되고, 이해가 되면서 배려가 생기고, 기다려줄 수 있습니다.

예수님이 공생애를 시작하시기 전에 광야에서 40일간 금식하신 후 마귀가 예수님을 시험했습니다. 어떤 시험입니까? 예수님의 믿음을 시험하는 것이었습니다. 그때 예수님은 하나님만을 믿어야 함을 말씀하시며 시험을 물리치셨습니다.

"이에 예수께서 말씀하시되 사탄아 물러가라 기록되었으되 주 너의 하나님께 경배하고 다만 그를 섬기라 하였느니라"(마4:10).

오늘날 우리에게 믿음의 시험은 무엇입니까? 하나님을 더 믿고 덜 믿고가 아닙니다. 하나님만을 믿어야 하는 우리에게 자꾸 세상을 믿게 만드는 것입니다. 하나님만 의지해야 하는데 사람을 의지하게 만들고, 물질을 의지하게 만들고, 자기 자신을 의지하게 만들어 버리는 것이 믿음의 시험입니다. 사람을 믿으면 열매를 맺을 수 없습니다. 오히려 맺은 열매도 떨어지게 됩니다. 하나님을 믿음으로 풍성한 열매를 맺기 바랍니다.

2. 사막이 아닌 샘에 거하라

"그는 사막의 떨기나무 같아서 좋은 일이 오는 것을 보지 못하고 광야 간조한 곳, 건건한 땅, 사람이 살지 않는 땅에 살리라"(렘17:6).

모든 세계의 문명은 강을 중심으로 시작되었습니다. 농사를 지을 때도 가장 중요한 것이 농수를 대는 것입니다. 우리 삶에 풍성한 열매를 얻기 위한 물은 어디서 나오는 것입니까? 하나님이 주시는 은혜의 물을 공급받아야 하는 것입니다.

본문은 은혜가 없는 자의 삶을 메마른 사막과 같이 비유해서 말씀하고 있습니다. 왜 내 안에 풍성함은 누리지 못하고 갈급함만 가득합니까? 기쁨이 사라지고 근심과 걱정이 생깁니까? 소망과 기대가 없고 절망과 낙심이 가득합니까? 은혜의 샘이 부족하기 때문입니다. 자꾸 내 심령이 사막과 같이 메마르고 좋은 일이 온다는 것이 믿어지지 않는다면 은혜가 부족한 것입니다.

풍성한 열매를 얻기 위해서는 풍성한 물을 공급받아야 합니다. 샘 곁에 있어야 풍성한 물을 공급받을 수 있는데 샘은 바로 예수님입니다. 예수님 안에 은혜가 있습니다. 하나님께 내 삶에 은혜를 채워달라고 기도하기 바랍니다.

3. 두려워하지 말고 걱정하지 말라

"그는 물가에 심어진 나무가 그 뿌리를 강변에 뻗치고 더위가 올지라도 두려워하지 아니하며 그 잎이 청청하며 가무는 해에도 걱정이 없고 결실이 그치지 아니함 같으리라"(렘17:8).

우리는 매해 풍년이길 바라고, 날마다 잘되기를 소망하며 걱정 없이 살아가기를 바라지만 때로는 인생에 찌는 듯한 무더위와 같은 고통의 시간이 찾아올 때도 있고, 뜨거운 태양볕 아래 가만히 버티고 있는 것조차 힘들 때가 있습니다.

'두려워하다(Fear)'는 말은 히브리 원어로 '야레'라는 단어를 쓰는데 '하나님을 경외하다(Fear God)'에서도 쓰는 말이 '야레'입니다. 인생의 두려움이 찾아올 때 믿음의 성도는 누구를 경외해야 합니까? 하나님을 경외하는 것입니다. 하나님을 신뢰하는 것입니다. 우리 안에 있는 두려움을 하나님을 경외하는 것으로 바꾸기 바랍니다. 두려움이 올 때마다 하나님께 기도하세요. 하나님의 도움을 구하세요. 하나님의 능력을 간구하세요. 그러면 능력의 하나님이 우리를 도우십니다.

은혜 안에 뿌리내리고, 말씀 안에 뿌리를 내리는 성도에게 하나님은 반드시 풍성한 열매를 얻게 하십니다.

[피드백]

빈칸에 알맞은 단어는 무엇입니까?

1. "여호와께서 이와 같이 말씀하시니라 무릇 _____을 믿으며 육신으로 그의 힘을 삼고 마음이 여호와에게서 ______ 그 사람은 저주를 받을 것이라"(렘17:5).

2. "이에 예수께서 말씀하시되 _____아 물러가라 기록되었으되 주 너의 하나님께 경배하고 다만 그를 _____라 하였느니라"(마4:10).

3. "그는 물가에 심어진 나무가 그 _____를 강변에 뻗치고 더위가 올지라도 두려워하지 아니하며 그 잎이 청청하며 가무는 해에도 걱정이 없고 _____이 그치지 아니함 같으리라"(렘17:8).

[나눔과 적용]

1. 현재 내가 가장 의지하고 있는 것은 무엇인가요? 하나님보다는 사람이나 물질을 더 의지하고 있지는 않은지 돌아봅시다.

2. 내 삶에 생명수를 공급하는 은혜의 샘은 무엇이라고 생각하나요? 그 은혜의 샘을 더욱 풍성하게 하기 위해 어떤 노력을 할 수 있을까요?

3. 물질적인 풍요뿐만 아니라, 관계, 건강, 영적인 성장 등 다양한 측면에서 풍성한 삶을 살기 위해 어떤 노력을 해야 할까요?

4. 말씀을 통해 새롭게 깨닫게 되었거나 받은 은혜를 나누어 봅시다.

제43주
하나님의 열심

♣ **예배 가이드:** 절망 중에 소망을 주시며 모든 죄의 멍에를 벗기시는 하나님을 의지하며 살아가는 성도가 됩시다.

■ **본문:** 이사야 9장 1~7절

■ **찬송:** 84장, 499장

■ **요절**

"흑암에 행하던 백성이 큰 빛을 보고 사망의 그늘진 땅에 거주하던 자에게 빛이 비치도다"(사9:2)

'일찍 일어나는 새가 벌레를 잡는다'는 말은 부지런한 사람, 열심히 일하는 사람이 성공할 수 있다는 말의 대명사입니다. 그런데 언제부턴가 사람들의 생각에서 열심히 산다는 말이 고지식한 말, 틀에 박혀있는 말, 시대에 동떨어진 생각이라고 여겨지기 시작했습니다.

그러나 변하지 않는 사실은 바른 목적, 올바른 방향을 가지고 달려가는 것도 중요하지만 열심을 내어야지 결과를 얻을 수 있다는 것입니다. 성도의 신앙도 마찬가지입니다. 축복을 받는 신앙생활에 지름길이 있다면 좋겠지만 지름길은 없습니다. 신앙의 길에서 위기를 만나고 실패하게 되었다면 다시 근본되시는 예수 그리스도와 말씀, 기도로 돌아가서 열심을 회복해야 합니다.

1. 절망에서 소망을 주시는 하나님의 열심

"흑암에 행하던 백성이 큰 빛을 보고 사망의 그늘진 땅에 거주하던 자에게 빛이 비치도다"(사9:2).

본문의 이스라엘의 상황은 온통 환난과 흑암과 고통뿐이었는데 그때 하나님께서 그 땅에 빛을 주셨습니다. '하나님의 빛'은 무엇을 의미합니까? 생명을 의미하고, 소망을 의미합니다. 하나님의 빛이 비치는 것은 이제 다시 살 길이 열렸다는 것입니다. 어둡고 컴컴한 밤에 두려워하고 있을 때 저 멀리 동쪽 산자락에서 빛이 보이기 시작하면 이제 깊은 밤은 끝났고 광명한 태양이 떠오른다는 것을 보여주는 것입니다.

하나님의 열심은 언제 시작됩니까? 인간의 모든 열심이 끝나게 되었을 때, 우리의 모든 소망이 사라지게 되었을 때 그때 우리에게 필요한 것은 하나님의 열심입니다. 그때 하나님은 자신을 찾는 자들에게 열심으로 일하기 시작하십니다.

2. 무거운 멍에를 벗기시는 하나님의 열심

"이는 그들이 무겁게 멘 멍에와 그들의 어깨의 채찍과 그 압제자의 막대기를 주께서 꺾으시되 미디안의 날과 같이 하셨음이니이다"(사9:4).

'멍에'는 구속받는 것, 자유를 잃어버린 것을 상징합니다. 멍에를 스스로 지는 동물은 없습니다. 주인에 의해 멍에가 메어지고 벗겨지는 것입니다. 즉 주인이 있어서 다스림을 받고 있다는 것입니다.

지금 이스라엘은 앗수르의 지배를 받고 있습니다. 앗수르로부터 짊어진 고통의 멍에가 있습니다. 그리고 이스라엘은 죄의 멍에를 지고 있습니다.

"그리스도께서 우리를 자유롭게 하려고 자유를 주셨으니 그러므로 굳건하게 서서 다시는 종의 멍에를 메지 말라"(갈5:1).

'종의 멍에'란 죄의 종, 죄의 멍에를 뜻합니다. 소가 스스로 그 멍에를 벗을 수 없듯이 사람은 스스로 의롭게 살고 정직하게 살고자 해도 사람의 의로는 죄의 멍에를 벗을 수 없습니다. 오직 예수님께서 우리의 멍에를 벗겨주셨음을 믿으시기 바랍니다.

"수고하고 무거운 짐진 자들아 다 내게로 오라 내가 너희를 쉬게 하리라"(마11:28).

인생의 멍에에서 자유하게 되는 방법은 주님께 그 멍에를 맡겨 버리는 것입니다. 세상의 것이 나의 주인이 아니라 하나님이 나의 주인이 되시는 것입니다. 그러면 주님이 우리를 자유케 하십니다.

3. 영원히 함께하시는 하나님의 열심

"그 정사와 평강의 더함이 무궁하며 또 다윗의 왕좌와 그의 나라에 군림하여 그 나라를 굳게 세우고 지금 이후로 영원히 정의와 공의로 그것을 보존하실 것이라 만군의 여호와의 열심이 이를 이루시리라"(사9:7).

열심히 하는 사람과 그렇지 않은 사람의 기준은 무엇입니까? 얼마나 끈기 있게 하느냐, 중간에 포기하지 않고 계속하느냐에 따라 결정됩니다.

"너희 안에서 착한 일을 시작하신 이가 그리스도 예수의 날까지 이루실 줄을 우리는 확신하노라"(빌1:6).

하나님의 열심은 계속되는 것이며 그 열심으로 우리를 영원한 천국으로 이끄실 것입니다. 하나님의 열심을 믿는 성도는 인생의 어떤 문제를 만난다 해도 하나님의 열심이 나를 살리고 그 하나님의 열심이 나와 함께 하심을 믿습니다.

오늘 나에게 주신 하나님의 사명을 감당하는 것, 나에게 주신 직분을 감당하고 매일의 삶 속에서 하나님의 영광을 드러내며 열심히 살아가는 이유가 무엇입니까? 하나님의 열심이 내 안에 있기 때문입니다. 우리의 삶을 이끌어가시고 정의와 공의로 보존하시는 하나님의 열심을 의지하며 우리에게 맡겨주신 사명을 열심히 감당하며 살아가는 성도가 되기 바랍니다.

[피드백]

빈칸에 알맞은 단어는 무엇입니까?

1. “흑암에 행하던 백성이 큰 __을 보고 사망의 그늘진 땅에 거주하던 자에게 __이 비치도다”(사9:2).

2. “그리스도께서 우리를 자유롭게 하려고 ______를 주셨으니 그러므로 굳건하게 서서 다시는 종의 _____를 메지 말라”(갈5:1).

3. “너희 안에서 _____ 일을 시작하신 이가 그리스도 예수의 날까지 이루실 줄을 우리는 _____하노라”(빌1:6).

[나눔과 적용]

1. 절망의 순간에 하나님께서 주시는 소망을 붙잡고 일어난 경험이 있다면 함께 나누어 봅시다.

2. 예수님께서 고통과 슬픔과 죄의 멍에를 벗겨주신 것을 믿음으로 고백하는지 생각해 봅시다.

3. 하나님께서 한번 시작하신 일을 끝까지 이루실 줄을 믿고 있는지 생각해 봅시다.

4. 말씀을 통해 새롭게 깨닫게 되었거나 받은 은혜를 나누어 봅시다.

제44주
전능자의 그늘

♣ **예배 가이드:** 어떤 어려움에서도 보호하시고 이끄시며 승리케 하시는 하나님의 그늘 안에 거하는 성도가 됩시다.

■ **본문:** 시편 91편 1~6절

■ **찬송:** 204장, 419장

■ **요절**

"나는 여호와를 향하여 말하기를 그는 나의 피난처요 나의 요새요 내가 의뢰하는 하나님이라 하리니"(시91:2)

옛날 시골에는 동네마다 커다란 동구나무가 있었습니다. 그 나무 그늘에서 무더운 여름날 농사일을 하던 농부들이 와서 쉬기도 하고, 먼 길을 가는 나그네들이 잠시 누워 쉬던 장소였습니다. 마찬가지로 부모가 자녀의 그늘이 되어 줄 때가 있고, 스승이 학생의 그늘이 되어 줄 수 있습니다. 남편이 아내의 그늘이 되고, 아내가 남편의 그늘이 되어 줄 수 있습니다. 힘든 인생을 살아갈 때 서로에게 위로가 되고 힘이 되고 쉼을 얻게 해주며 서로를 의지하며 평생을 살아가게 하는 것, 부부는 서로에게 그늘이 되어 주는 것입니다.

전능자의 그늘은 어떤 그늘일까요?

1. 보호하시는 하나님

"나는 여호와를 향하여 말하기를 그는 나의 피난처요 나의 요새요 내가 의뢰하는 하나님이라 하리니"(시91:2).

소도 비빌 언덕이 있어야 하고 사람도 의지하고 살아갈 사람이 있어야 한다고 합니다. 이 세상에 우리의 안전을 보장할 수 있는 곳은 아무 데도 없지만 오직 전능자의 그늘 안에 있는 자는 전능하신 하나님께서 그를 보호해 주십니다.

전능자의 그늘이란 하나님을 믿고, 하나님을 의지하는 삶, 주님과 함께 동행하는 그곳이 바로 전능자의 그늘입니다. 다윗은 사울의 칼을 피해 도망을 다녔습니다. 굴속에 숨었고 광야의 나무 아래에 숨어 밤을 보낸 적도 있었습니다. 그러나 다윗은 언제나 자신에게 피난처가 있다, 자신을 보호하는 자가 있다고 고백했습니다.

전능자의 그늘 안에 있는 사람은 눈에 보이는 사람을 의지하고 환경을 의지하는 것이 아닙니다. 오직 하나님만이 나의 피난처이고 나의 요새시며 어떤 인생의 문제를 만나도 그 문제를 의뢰할 유일한 분이 하나님이심을 고백하는 사람입니다. 우리가 비비고 살아갈 언덕은 오직 하나님 뿐임을 믿으시기 바랍니다.

2. 건지시는 하나님

"이는 그가 너를 새 사냥꾼의 올무에서와 심한 전염병에서 건지실 것임이로다"(시91:3).

지금 본문에서 우리가 피할 수 없는 두 가지 문제를 말하고 있습니다. 하나는 올무, 하나는 전염병입니다. 사냥꾼이 새를 잡기 위해 올무를 놓으면 그 올무에 걸린 새는 몸부림을 칠수록 더 강하게 조이게 됩니다. 죄라는 것은 짓기 전까지는 달콤한 말로 유혹합니다. 마치 여기에 행복이 있고, 즐거움이 있고, 기쁨이 있는 것같이 다가옵니다. 그러나 죄의 올무에 한 번 매이게 되면 반복되는 죄 속에서 빠져나올 수 없습니다. 그런데 올무는 스스로 벗어날 수 없고 누군가 올무를 벗겨주어야 합니다. 전능자의 그늘 아래 있는 성도는 어떤 올무가 나를 묶는다 해도 주님께 부르짖어 기도할 때 올무가 풀어지는 역사가 일어남을 믿으시기 바랍니다.

또 전염병에서 건지신다고 말씀합니다. 전염병은 일반병과 달리

전파되고, 전염되는 것입니다. 그런데 질병 뿐 아니라 두려움도 전염되고, 의심도 전염되며 원망, 불평도 전염되는 것을 아십니까? 이 전염병을 끊어버리는 방법은 바로 하나님의 그늘 안에 거하는 것입니다. 사람에게 기대고, 사람을 의지하는 것이 아니라 오직 하나님만 의지해야 합니다.

3. 이기게 하시는 하나님

"어두울 때 퍼지는 전염병과 밝을 때 닥쳐오는 재앙을 두려워하지 아니하리로다"(시91:6).

열왕기하 6장에 보면 선지자 엘리사를 죽이기 위해 아람왕의 군대가 쳐들어왔습니다. 그 숫자가 얼마나 많았는지 성을 다 에워쌌습니다. 이를 본 엘리사의 사환이 겁에 질려 두려워합니다. 그때 엘리사가 말합니다.

"대답하되 두려워하지 말라 우리와 함께 한 자가 그들과 함께 한 자보다 많으니라 하고"(왕하6:16).

그리고 엘리사가 사환의 눈을 열어서 보게 해달라고 기도합니다. 사환의 눈이 열리며 불말과 불병거가 산에 가득하고 엘리사를 둘러선 것을 보게 됩니다. 엘리사의 용기는 하나님께서 그를 보호하심을 보았기 때문에 생긴 것입니다.

전능자의 그늘에 거하기 위해서는 하나님을 우리의 삶에 모셔 들여야 합니다. 하나님을 내 삶의 주인으로 인정하고 하나님의 임재가 임하시기를 기도해야 합니다. 하나님의 임재 안에 거하게 되면 전능하신 하나님을 우리가 직접 볼 수는 없으나 그분의 그늘 안에서 보호하심을 받고 인도하심을 얻으며 이기게 하십니다.

[피드백]

빈칸에 알맞은 단어는 무엇입니까?

1. "______ 의 은밀한 곳에 거주하며 전능자의 ____ 아래에 사는 자여" (시 91:1).

2. "이는 그가 너를 새 사냥꾼의 ______에서와 심한 ______에서 건지실 것임이로다"(시91:3).

3. "대답하되 ______하지 말라 우리와 함께 한 자가 그들과______ 한 자보다 많으니라 하고"(왕하6:16).

[나눔과 적용]

1. 전능자의 그늘 아래서 보호하시는 하나님의 은혜를 경험했다면 함께 나누어 봅시다.

2. 죄의 올무와 두려움의 전염병을 풀어주시고 자유롭게 하시는 하나님의 건지심을 생각해 봅시다.

3. 반드시 이기게 하시는 전능자가 계시는 가장 높은 곳에 믿음과 기도로 나아가는지 생각해 봅시다.

4. 말씀을 통해 새롭게 깨닫게 되었거나 받은 은혜를 나누어 봅시다.

제45주
소망의 하나님

♣ **예배 가이드:** 믿음과 소망을 넘치게 하시는 하나님께 소망을 두고 살아가는 성도가 됩시다.

■ **본문:** 로마서 15장 12~13절

■ **찬송:** 482장, 491장

■ **요절**

"소망의 하나님이 모든 기쁨과 평강을 믿음 안에서 너희에게 충만하게 하사 성령의 능력으로 소망이 넘치게 하시기를 원하노라"(롬15:13)

실존주의 철학자 키에르케고르는 "절망을 가리켜 죽음에 이르는 병"이라고 말했습니다. 절망은 죽음에 이르는 병이지만 소망은 다시 살게 하는 힘이 됩니다. 그런데 사람의 힘으로는 소망을 이룰 수 없습니다. 왜냐면 소망은 나의 것이 아니기 때문입니다. 그러나 하나님의 능력으로는 어떤 소망도 이루실 수 있습니다.

1. 그에게 소망을 두라

"또 이사야가 이르되 이새의 뿌리 곧 열방을 다스리기 위하여 일어나시는 이가 있으리니 열방이 그에게 소망을 두리라 하였느니라"(롬15:12).

소망은 마치 씨앗과 같아서 어디에 심느냐에 따라서 결과가 다르게 나타납니다. 우리의 소망을 어디에 두어야 할까요?

'열방이 그에게 소망을 두리라' 여기서 '그'는 '예수 그리스도'를 뜻합니다. 전능하신 하나님, 모든 열방을 구원하신 예수 그리스도께 소망을 두라는 것입니다.

"내 영혼아 네가 어찌하여 낙심하며 어찌하여 내 속에서 불안해 하는가 너는 하나님께 소망을 두라 그가 나타나 도우심으로 말미암아 내가 여전히 찬송하리로다"(시42:5).

다윗이 왜 낙심하고 있습니까? 왜 불안해 하고 있습니까? 소망이 있기는 한데 그 소망을 잘못된 곳에 두었기 때문입니다. 사람들에게 두었기 때문에 불안하고 낙심했던 것입니다.

우리 안에 소망이 없는 사람은 없습니다. 문제는 그 소망을 어디에 두는가입니다. 자녀에게 소망을 두는 부모는 자녀가 자신의 바람과 기대에 어긋나게 되면 실망하고 불안해하고 원망하게 됩니다. 내 가정과 일터에 대한 소망을 혹시 나 자신에게 두고 있지 않습니까? 내가 잘해야지, 내가 노력해야지 하십니까? 그래서 얼마나 이루셨습니까? 사람은 불가항력적인 상황을 만나게 되면 언제든지 넘어질 수 있습니다.

그러나 소망을 하나님께 두는 자는 자신감과 동기를 오직 여호와 하나님께 두고 있음을 고백하게 되고 하나님은 반드시 그를 다시 일으켜 세우십니다.

2. 믿음 안에서 충만케 하사

"소망의 하나님이 모든 기쁨과 평강을 믿음 안에서 너희에게 충만하게 하사 성령의 능력으로 소망이 넘치게 하시기를 원하노라"(롬15:13).

믿음과 소망은 떼려야 뗄 수 없는 관계입니다. 소망이 목적지라면 믿음은 목적지를 갈 수 있게 하는 원동력이 됩니다. 소망이 계획이라면 믿음은 그 계획을 이루게 하는 실천이 됩니다. 소망이 꿈이라면 믿음은 그 꿈이 이루어지는 증거가 됩니다. 믿음과 소망은 서로 점검하는 기준이 되는 것입니다.

종교개혁자 칼빈은 이렇게 말했습니다. "소망은 믿음이 성공적으로 출발하여 도중에 지치지 않고 최종 목적지까지 잘 도착할 수 있도록 지탱해 준다. 한 마디로 소망은 믿음을 쉬지 않게 하고 새롭게 하며 회복시킴으로 끈기 있게 활기를 북돋아 준다."

그런데 성도 중에 소망 없는 사람은 없는데 믿음 없는 사람은 너무나 많습니다. 소망은 입술로 고백하는 것이지만 믿음은 순종과 행동으로 보여주는 것입니다. 믿음이 있음을 보여준다면 소망은 이루어지게 됩니다.

3. 소망을 넘치게 하시리라

"소망의 하나님이 모든 기쁨과 평강을 믿음 안에서 너희에게 충만하게 하사 성령의 능력으로 소망이 넘치게 하시기를 원하노라"(롬15:13).

'넘치게 한다'는 말은 원어로 '페리슈오'라고 하고 '자라다, 넉넉하다, 풍부하게 되다'의 뜻입니다. 작은 소망으로 시작한 자에게는 더 큰 소망을 꿈꾸게 하시고, 한 가지 소망으로 만족한 자에게는 더 많은 소망이 이루어짐을 경험하게 하시고, 더 나아가 나의 소망으로 나만 잘되고 나만 누리는 것이 아니라 다른 이들에게 그 소망이 이루어지는 소망이 넘쳐흐르는 자가 되게 하십니다.

이것이 세상 사람들이 꿈꾸는 소망과 우리 소망의 차이입니다. 믿음의 성도가 꿈꾸는 소망은 살아있는 소망, 그의 믿음과 함께 자라는 소망입니다. 왜냐면 우리가 믿는 하나님이 바로 소망의 하나님이시기 때문입니다.

"나는 너를 애굽땅에서 인도하여 낸 여호와 네 하나님이니 네 입을 크게 열라 내가 채우리라 하였으나"(시81:10).

여기에서 말하는 입은 사람의 입이 아닌 우리의 입에서 나오는 선포를 말하는 것입니다. 큰 것을 선포하라! 큰 믿음으로 외치라는 것입니다. 한 가지 소망이 이루어졌다고 만족하지 말고 큰 믿음을 달라고, 그래서 큰 소망을 이루게 해 달라고 기도하기 바랍니다.

[피드백]
빈칸에 알맞은 단어는 무엇입니까?

1. "또 이사야가 이르되 이새의 뿌리 곧 ____을 다스리기 위하여 일어나시는 이가 있으리니 열방이 그에게 ____을 두리라"(롬15:12).

2. "소망의 하나님이 모든 ____과 평강을 믿음 안에서 너희에게 충만하게 하사 ____의 능력으로 소망이 넘치게 하시기를 원하노라"(롬15:13).

3. "나는 너를 애굽 땅에서 인도하여 낸 여호와 네 하나님이니 네 ___을 크게 열라 내가 _____리라 하였으나"(시81:10).

[나눔과 적용]

1. 나 자신이나 다른 사람이 아니라 오직 하나님께 장래의 소망을 두고 있는지 생각해 봅시다.

2. 소망을 이루어지게 하는 믿음이 우리의 삶에서 순종의 열매로 나타나고 있는지 나누어 봅시다.

3. 과거에 머물지 않고 현재 하나님의 은혜를 받으며 창대한 소망을 소유하고 있는지 생각해 봅시다.

4. 말씀을 통해 새롭게 깨닫게 되었거나 받은 은혜를 나누어 봅시다.

[추수감사주일]

제46주
거두는 감사 뿌리는 감사

♣ **예배 가이드:** 모든 것을 주신 하나님의 은혜에 감사하며 영원한 복을 바라보며 순종하고 헌신하는 성도가 됩시다.

■ **본문:** 갈라디아서 6장 7~10절

■ **찬송:** 589장, 620장

■ **요절**

"우리가 선을 행하되 낙심하지 말지니 포기하지 아니하면 때가 이르매 거두리라"(갈6:9)

추수감사의 시작은 뿌림의 수고에서부터 시작된 것입니다. 우리말 속담에 뿌린 대로 거둔다, 콩 심은데 콩 나고 팥 심은데 팥 난다는 말이 있습니다. 심은 대로, 수고한 대로, 노력한 대로 그 결과를 얻게 된다는 것입니다.

한 해를 돌아보면서 하나님이 베풀어주신 은혜에 감사하고 동시에 또다시 뿌리는 감사로 결단하고 수고함으로 하나님이 계속해서 베풀어주시는 거두는 감사로 살아가기 바랍니다.

1. 추수할 때를 주심에 감사

"스스로 속이지 말라 하나님은 업신여김을 받지 아니하시나니 사람이 무엇으로 심든지 그대로 거두리라"(갈6:7).

우리 인생에 추수의 때가 없다면, 심고 일하고 수고하기만 하는 인생은 불행할 것입니다. 그래서 수고한 자에게 추수의 때가 있다는 것, 거둘 때가 있다는 것이 은혜이고 감사입니다.

하나님은 우리에게 열심히 심으라, 열심히 수고하라고만 말씀하지 않습니다. '반드시 그대로 거둘 때가 온다'고 말씀합니다. 얼마나 공의로우시며 선하신 말씀입니까?

그리고 심은 대로 거둔다는 하나님의 말씀은 1대 1의 보상이 아닙니다. 모든 수고와 열심과 헌신 이상의 것으로 갚아주십니다. 콩 하나 심은데 콩 하나가 나는 게 아닙니다. 한 알의 씨앗은 수백, 수천 개의 열매를 거두게 하십니다. 수고와 헌신과 노력의 눈물은 반드시 거둘 때가 오고 우리는 그때를 바라보며 오늘도 감사함으로 살아가는 것입니다.

한 해를 돌아보며 직장과 일터, 가정, 학교에서 수고 많이 하셨습니다. 이러한 삶의 수고의 결실들은 반드시 맺어질 것입니다. 무엇보다 주님을 위해 수고하신 모든 성도님들, 주님께 드렸던 모든 섬김을 하나님께서는 반드시 결실을 맺게 하실 것입니다.

2. 열매를 맺게 하심에 감사

"자기의 육체를 위하여 심는 자는 육체로부터 썩어질 것을 거두고 성령을 위하여 심는 자는 성령으로부터 영생을 거두리라"(갈6:8).

오늘 추수감사절에 나는 어떤 추수를 거두며 살아왔는지 돌아봐야 합니다. 우리가 맺어야 할 열매들은 무엇입니까? 위 말씀에 두 종류의 심는 자가 등장합니다. '육체를 위해서 심는 자'와 '성령을 위하여 심는 자'입니다. 우리가 거두어야 할 추수의 열매는 눈에 보이는 세상의 열매 뿐 아니라 영적인 열매, 성령의 열매를 추수해야 합니다.

"오직 성령의 열매는 사랑과 희락과 화평과 오래 참음과 자비와 양선과 충성과 온유와 절제니 이같은 것을 금지할 법이 없느니라"(갈5:22).

우리의 삶에 성령의 열매들이 주렁주렁 맺혀야 합니다. 똑같은 밭이고 똑같은 물을 주지만 그 품종이 다르고 결실의 차이가 나타나는 것같이 그리스도인들은 세상 사람들과 똑같이 일하고 똑같이 살아가는 것 같아 보여도 추수 때에 나타나는 결실에서 차이가 있어야 합니다.

3. 뿌리게 하심에 감사

"우리가 선을 행하되 낙심하지 말지니 포기하지 아니하면 때가 이르매 거두리라"(갈6:9).

옛 농부들이 콩을 심을 때 세 알씩 심었다고 합니다. 한 알은 땅에 사는 곤충을 위해, 다른 하나는 공중의 새를 위해, 나머지 한 알은 자신을 몫으로 심은 것입니다. 나 혼자만을 위해서 심는 것이 아니라 풍족하지 않은 삶이라도 베풀고 나누고 섬김을 통해 마음의 풍성함과 행복을 누릴 수 있기 때문입니다.

우리가 추수의 감사를 할 수 있는 것은 무엇이 있기 때문입니까? 올 한 해도 뿌리게 하시고 일하게 하시고 수고하게 하신 하나님의 은혜가 있었기 때문입니다. 일할 수 없다면, 수고할 수 없다면, 일하고 싶고, 심고 싶어도 기회조차 주어지지 않았다면 이런 추수의 기쁨을 누릴 수 없습니다.

'선을 행하되 낙심하지 말라!' 한 해가 저물어가는데 아직 내 삶은 제대로 이루어지지 않았다고 실망하지 마세요. 오늘 주님이 말씀하십니다. '낙심하지 말고 포기하지 않으면 때가 이르렀을 때 반드시 거두리라!'

[피드백]

빈칸에 알맞은 단어는 무엇입니까?

1. "스스로 속이지 말라 하나님은 _____여김을 받지 아니하시나니 사람이 무엇으로 _______ 그대로 거두리라"(갈6:7).

2. "오직 성령의 _____는 사랑과 희락과 화평과 오래 참음과 자비와 양선과 충성과 온유와 절제니 이같은 것을 금지할 ___이 없느니라"(갈5:22).

3. "우리가 선을 행하되 ______하지 말지니 포기하지 아니하면 ___가 이르매 거두리라"(갈6:9).

[나눔과 적용]

1. 하나님께서 지난 한 해 동안 일터와 교회에서 어떠한 열매를 맺게 하셨는지 생각해 봅시다.

2. 일터와 사역에서 추수할 때를 주심과 열매맺게 하심에 대하여 하나님께 감사한 경험이 있다면 나누어 봅시다.

3. 하나님께서 새롭게 씨를 뿌려야 할 일을 주셨다면 무엇인지 나누어 보고 감사하는 시간을 가집시다.

4. 말씀을 통해 새롭게 깨닫게 되었거나 받은 은혜를 나누어 봅시다.

제47주
하나님의 부르심

♣ **예배 가이드:** 우리를 부르시고 구원하신 하나님의 은혜를 기억하고 부르심에 순종하는 삶을 살아가는 성도가 됩시다.

■ **본문:** 예레미야 1장 4~10절

■ **찬송:** 26장, 521장

■ **요절**

"너는 그들 때문에 두려워하지 말라 내가 너와 함께하여 너를 구원하리라 나 여호와의 말이니라 하시고"(렘1:8)

세상의 모든 것은 목적이 있기에 존재합니다. 그렇다면 사람은 무엇을 위해 존재하는 것일까요? 프랑스의 철학자 데카르트는 "나는 생각한다 고로 존재한다"는 말을 했습니다. 어떤 생각입니까? 내가 왜 존재해야 하는지, 나는 누구인지를 알아야 그 다음에 자신의 존재를 알게 된다는 것입니다.

그렇다면 누가 우리를 만들었습니까? 하나님이 우리를 만드셨고 하나님이 우리 인생의 설계자입니다. 그래서 우리는 하나님 안에 있을 때 자신의 존재 목적을 깨닫게 됩니다. 그리고 하나님이 우리를 부르셨을 때 우리의 인생은 목적이 있는 인생, 존재할 이유가 있는 인생이 됩니다.

1. 내가 세우리라

"내가 너를 모태에서 짓기 전에 너를 알았고 네가 배에서 나오기 전에 너를 성별하였고 너를 여러 나라의 선지자로 세웠노라 하시기로"(렘1:5).

세상에는 우연히 일어나는 일들이 많습니다. 플레밍이 우연히 발견한 푸른곰팡이로 페니실린을 발명한 것, 물리학자 뉴톤이 우연히 사과가 떨어지는 것을 보고 만유인력의 법칙을 발견한 것 등 세상 사람들은 이것을 우연의 일치로 일어났다고 말합니다.

그러나 성경은 세상의 모든 것은 다 하나님의 계획과 하나님의 뜻하심 가운데 있다고 말씀합니다. 이를 '하나님의 섭리(Providence of God)'라고 합니다. 하나님의 섭리는 하나님께서 창조하신 온 우주 만물과 그 속에 살아가는 인간과 모든 생명체를 하나님이 보존하시고 통치하시고 협력하신다는 뜻입니다.

본문 5절 말씀에 '너를 알았고' '너를 성별하였고' '세웠노라' 말씀하십니다. 우리가 지금의 자리에 있는 것은 우연히 된 것이 아닙니다. 하나님이 이미 창세 전부터 나를 아셨고 거룩하게 구별하셔서 지금의 이곳에 세우신 것입니다. 우리는 하나님의 부르심을 받은 자들인 것입니다.

하나님이 세우신 그 자리가 복음을 위한 자리, 사명을 위한 자리, 세상 가운데 그리스도의 선한 영향력을 나타내는 자리임을 믿고 세우신 하나님의 부르심에 충성을 다하기 바랍니다.

2. 내가 함께하리라

"너는 그들 때문에 두려워하지 말라 내가 너와 함께하여 너를 구원하리라 나 여호와의 말이니라 하시고"(렘1:8).

하나님께서 우리를 하나님의 일에 동참하게 하시고 하나님의 영광을 나타내는 자리로 부르셨을 때 중압감과 부담으로 더욱 두려움과 곤고함에 빠질 때가 있습니다. 예레미야 선지자는 하나님의 부르심에 자신의 부족함을 고백하는데 스스로를 아이에 비유하며 말할 줄을 모른다고 합니다.

"여호와께서 내게 이르시되 너는 아이라 말하지 말고 내가 너를 누구에게 보내든지 너는 가며 내가 네게 무엇을 명령하든지 너는 말할지니라"(렘1:7).

하나님의 부르심은 오히려 우리에게 기회가 됩니다. 하나님이 나를 통해 일하심을 경험하게 되고 나를 통해 역사하심을 보게 되는 기회가 됩니다. 하나님이 부르셨다면 이제부터 우리의 삶에 하나님의 일하심이 나타나게 되었음을 믿으시기 바랍니다.

3. 내가 이루리라

"보라 내가 오늘 너를 여러 나라와 여러 왕국 위에 세워 네가 그것들을 뽑고 파괴하며 파멸하고 넘어뜨리며 건설하고 심게 하였느니라 하시니라"(렘 1:10).

사람이 하는 일에는 항상 변수라는 것이 생깁니다. 그러나 하나님이 하시는 일에는 실수가 없습니다. 변수가 없습니다. 하나님의 섭리는 오묘합니다.

"근심하는 자 같으나 항상 기뻐하고 가난한 자 같으나 많은 사람을 부요하게 하고 아무 것도 없는 자 같으나 모든 것을 가진 자로다"(고후6:10).

지금 예레미야를 부르신 하나님은 그에게 하나님이 어떻게 일하실 것인지를 약속하고 계십니다. 하나님이 예레미야의 입술을 통해 '이스라엘을 뽑고 파괴하고 파멸하고 넘어뜨리는 심판하실 것'이라 말씀하고 있지만 하나님의 진짜 목적은 '건설하고 다시 심게 하기 위함'입니다.

하나님의 부르심에 순종하며 살아갈 때 끝까지 인내하며 부르심에 순종하다보면 결국 다시 세우시고 심으시는 하나님의 회복의 은혜를 보게 됨을 믿으시기 바랍니다. 우리는 끝까지 나를 부르신 그 자리에서 순종하는 것입니다. 열매를 맺을 때까지 인내하는 것입니다. 하나님이 시작하신 역사는 반드시 완성됨을 믿으십시오.

[피드백]
빈칸에 알맞은 단어는 무엇입니까?

1. "여호와의 ____ 이 내게 임하니라 이르시되"(렘1:4)

2. "여호와께서 내게 이르시되 너는 아이라 말하지 말고 내가 너를 누구에게 보내든지 너는 가며 내가 네게 _____을 명령하든지 너는 _____지니라"(렘1:7).

3. "근심하는 자 같으나 항상 _____하고 가난한 자 같으나 많은 사람을 _____하게 하고 아무 것도 없는 자 같으나 모든 것을 ____ 자로다"(고후6:10).

[나눔과 적용]

1. 하나님께서 거룩하게 구별하심으로 세우신 사람임을 언제 깨닫게 되었는지 함께 나누어 봅시다.

2. 우리를 부르신 자리가 하나님의 능력이 나타나는 자리임을 경험했다면 함께 나누어 봅시다.

3. 하나님의 이루심에 변수와 실수가 있을 수 없음을 경험했다면 함께 나누어 봅시다.

4. 말씀을 통해 새롭게 깨닫게 되었거나 받은 은혜를 나누어 봅시다.

제48주
하나님의 뒷모습

♣ **예배 가이드**: 어떤 어려움에도 두려워 하거나 낙심하지 말고 앞서 가시는 하나님만 바라보며 승리하는 성도가 됩시다.

■ **본문**: 신명기 31장 1~8절

■ **찬송**: 347장, 421장

■ **요절**

"너희는 강하고 담대하라 두려워하지 말라 그들 앞에서 떨지 말라 이는 네 하나님 여호와 그가 너와 함께 가시며 결코 너를 떠나지 아니하시며 버리지 아니하실 것임이라 하고"(신31:6)

이스라엘 백성들이 금송아지 우상을 만든 것에 분노한 모세가 하나님이 주신 십계명 돌판을 깨뜨린 후 다시 하나님께 십계명을 받기 위해 시내산에 올라가서 40일간 금식 기도를 합니다. 이 금식 기도 중에 모세는 하나님께 요청하게 됩니다.

"모세가 이르되 원하건대 주의 영광을 내게 보이소서"(출33:18).

'영광'이라는 말은 원어로 '카보드'이며 '하나님의 존재하심, 하나님의 형상'을 의미합니다. 다시 말해 '하나님의 얼굴을 보여달라'고 한 것입니다.

"손을 거두리니 네가 내 등을 볼 것이요 얼굴은 보지 못하리라"(출33:23).

모세는 하나님의 얼굴은 볼 수 없었지만 하나님의 등, 하나님의 뒷모습을 보게 되었습니다. 이때 모세는 하나님이 언제나 나의 앞에 함께 계신다는 사실을 깨닫게 되었습니다. 본문에서 모세는 여호수아와 이스라엘 백성들에게 하나님의 뒷모습을 바라보는 것이 우리에게 은혜이고 축복이라는 사실을 증거하고 있습니다.

1. 앞서 가시는 하나님

"여호와께서 이미 말씀하신 것과 같이 네 하나님 여호와께서 너보다 먼저 건너가사 이 민족들을 네 앞에서 멸하시고 네가 그 땅을 차지하게 할 것이며 여호수아는 네 앞에서 건너갈지라"(신31:3).

'건너가다'라는 말은 영어로 'go over'입니다. '넘어가다, 가로질러 가다'의 뜻입니다. 길이 막힌 곳에 길을 열어서 가로질러 가게 하시는 하나님! 앞이 홍해로 막혀있고 요단강이 가로막고 있을 때 우리 생각으로는 길이 보이지 않습니다. 그러나 그때 우리는 하나님의 뒷모습만 보고 따라가기만 하면 됩니다.

산에 등산로가 어떻게 생겨납니까? 누군가가 첫발을 디딘 후 수많은 발자국들이 겹쳐서 길이 되는 것입니다. 신앙의 첫걸음은 누가 열어주셨습니까? 예수님이 열어주셨습니다. 그 십자가의 길을 주님이 먼저 가시고 수많은 신앙의 선배들이 그 길을 걸어왔고 우리도 그 십자가의 길, 십자가의 도를 따라 걸어가고 있는 것입니다.

싸움을 잘하는 사람이 있으면 그 사람 뒤에만 숨어 있으면 됩니다. 우리의 모든 싸움은 이미 하나님이 승리하셨음을 믿으시기 바랍니다. 우리는 하나님의 뒷모습을 따라가며 승리하는 길을 가면 되는 것입니다.

2. 함께 가시는 하나님

"너희는 강하고 담대하라 두려워하지 말라 그들 앞에서 떨지 말라 이는 네 하나님 여호와 그가 너와 함께 가시며 결코 너를 떠나지 아니하시며 버리지 아니하실 것임이라 하고"(신31:6).

하나님이 우리 앞에 행하시지만 큰 걸음으로 멀리 떨어져 가시는 것이 아니라 하나님께서 우리와 보폭을 같이 맞추어 걸어가십니다. 그래서 우리가 하나님과 동행한다는 것은 그 분의 걸음에 내가 보폭을 맞추는 것이 아니라 우리의 서툰 걸음에 하나님께서 친히 보폭을 맞추어 주신다는 것입니다.

지금 모세는 이것을 말하고 있습니다. 하나님이 너희의 걸음에 맞추어 주시니 혹여 앞서 가시는 하나님이 먼저 가버리실까, 하나님의 뒷모습이 보이지 않을까 걱정하지 말라는 것입니다.

'결코 너를 떠나지 아니하시며 버리지 아니하실 것임이라' 그렇기 때문에 중요한 것은 끝까지 가는 것입니다. 끝까지 전진해야 합니다.

3. 이끌어 가시는 하나님

"모세가 여호수아를 불러 온 이스라엘의 목전에서 그에게 이르되 너는 강하고 담대하라 너는 이 백성을 거느리고 여호와께서 그들의 조상에게 주리라고 맹세하신 땅에 들어가서 그들에게 그 땅을 차지하게 하라"(신31:7).

지금 모세 인생의 마지막 순간이 다가왔습니다. 지난 40년 동안 모세는 애굽에서부터 이스라엘 백성들의 광야길을 인도했습니다. 황소와 같은 이스라엘, 4백만 명이나 되는 이스라엘을 모세 한 사람이 이끌고 온 것입니다.

그런데 실은 모세가 아닌 하나님이 이스라엘 백성들을 이끌어 주셨습니다. 모세는 그저 소의 코에 묶은 줄과 같이 하나님과 하나님이 이끌어가시는 이스라엘 백성을 연결하는 역할을 한 것뿐입니다. 이제는 그 줄을 여호수아에게 넘겨주며 하나님이 앞에 가시고 하나님이 이끌어가시니 그 땅을 담대하게 차지하라고 마지막 명령을 하고 있습니다.

하나님의 뒷모습을 바라보기 바랍니다. 하나님의 뒷모습을 보는 것이 우리에게는 은혜입니다. 왜냐하면 하나님이 내 앞에 계시기 때문입니다. 오직 그분만 의지하며 끝까지 전진하기 바랍니다.

[피드백]

빈칸에 알맞은 단어는 무엇입니까?

1. "또한 여호와께서 ______멸하신 아모리 왕 시혼과 옥과 및 그 땅에 _____ 것과 같이 그들에게도 행하실 것이라"(신31:4).

2. "또한 여호와께서 그들을 너희 _____ 넘기시리니 너희는 내가 너희에게 명한 모든 _____대로 그들에게 행할 것이라"(신31:5).

3. "너희는 강하고 담대하라 두려워하지 말라 그들 앞에서 _____ 말라 이는 네 하나님 여호와 그가 너와 함께 가시며 결코 너를 _____ 아니하시며 버리지 아니하실 것임이라 하고"(신31:6).

[나눔과 적용]

1. 우리 앞에 계신 하나님의 뒷모습을 바라보며 따라가고 있는지 생각해 봅시다.

2. 인생길의 문제에서 함께 하시는 하나님의 은혜를 경험했다면 함께 나누어 봅시다.

3. 우리의 고집을 넘어 비전과 소망을 이끌어 가시는 하나님을 경험했다면 나누어 봅시다.

4. 말씀을 통해 새롭게 깨닫게 되었거나 받은 은혜를 나누어 봅시다.

제49주
쉼이 없는 하나님의 손

♣ **예배 가이드:** 쉼이 없이 우리를 찾으시고, 인도하시고, 일하시는 하나님의 손을 의지하며 살아가는 성도가 됩시다.

■ **본문:** 이사야 65장 1~3절, 13~16절

■ **찬송:** 289장, 406장

■ **요절**

"내가 종일 손을 펴서 자기 생각을 따라 옳지 않은 길을 걸어가는 패역한 백성들을 불렀나니"(사65:2)

바티칸의 시스티나 성당의 반원형 천장에는 미켈란젤로의 명작인 '천지창조'가 있고, 이 그림의 가장 중앙에는 '아담의 창조(The Creation of Adam)'라는 그림이 있습니다. 아담의 손끝과 하나님의 손끝이 맞닿아 있는데 아담은 대충 손가락을 내밀고 있는 반면 하나님은 아담을 향해 손을 쭉 뻗고 계십니다. 최대한 아담에게 가까이 가려는 모습입니다.

이는 무기력하고 아무런 힘이 없는 인간에게 생기를 부어주려는 하나님의 손을 표현한 것입니다. 하나님의 손은 구원의 손, 도움의 손, 보호의 손, 섭리의 손을 의미합니다.

그렇다면 쉼이 없는 하나님의 손은 과연 어떤 손일까요?

1. 찾으시는 하나님의 손

"나는 나를 구하지 아니하던 자에게 물음을 받았으며 나를 찾지 아니하던 자에게 찾아냄이 되었으며 내 이름을 부르지 아니하던 나라에 내가 여

기 있노라 내가 여기 있노라 하였노라”(사65:1).

하나님이 찾으셨다는 말씀입니다. 이를 현대인의 성경에는 이렇게 기록합니다.

“여호와께서 말씀하셨다. 나에게 묻지 않은 사람들에게 내가 나를 나타내고 나를 찾지 않던 사람들에게 내가 발견되었으며 내 이름을 부르지 않은 나라에 ‘내가 여기 있다. 내가 여기 있다’ 하였다.”

우리를 누가 찾아내셨습니까? 누가 나로 하여금 예수님을 구주로 영접하게 하였고, 누가 나로 하나님을 아버지라 부르게 하셨고, 누가 나에게 천국을 약속하셨습니까? 하나님의 손이 우리를 찾으셨고, 하나님의 손이 나를 찾아내셨고, 하나님이 나에게 ‘내가 여기 있다’ 말씀하심을 믿으시기 바랍니다.

잃어버린 자를 찾으시는 하나님의 손을 우리는 의지해야 합니다. 때로 우리는 어디로 가야 할 지 인생의 방향을 잃어버리거나 내가 지금 무엇을 해야 할 지 방법을 잃어버릴 때가 있습니다. 그러나 하나님의 손은 반드시 나를 찾아오십니다. 그리고 ‘내가 여기 있다! 내가 여기 있다!’ 말씀하십니다.

2. 인도하시는 하나님의 손

“내가 종일 손을 펴서 자기 생각을 따라 옳지 않은 길을 걸어가는 패역한 백성들을 불렀나니”(사65:2).

이스라엘 백성들이 광야길을 걸어갈 때 보이지 않는 하나님의 손이 그들을 인도했습니다. 표지판도 없고 도로도 없는 광야길을 낮에는 구름기둥으로, 밤에는 불기둥으로, 홍해 앞에서는 그 홍해를 가르심으로 하나님의 손으로 40년을 인도하신 것입니다.

그런데 이스라엘 백성의 문제는 종일 손을 펴서 인도하시는 하나님의 손을 보지 못하고 있는 것입니다. 그들이 왜 하나님의 손을 보지 못합니까? ‘패역한 백성들’이라는 단어에서 보듯 하나님의 뜻을 깨닫지 못하고 자신들의 생각과 계획과 고집을 따라가는 백성들이었기 때문입니다.

"너는 기억하라 네가 애굽 땅에서 종이 되었더니 네 하나님 여호와가 강한 손과 편 팔로 거기서 너를 인도하여 내었나니 그러므로 네 하나님 여호와가 네게 명령하여 안식일을 지키라 하느니라"(신5:15).

내 삶을 인도하시는 하나님의 손을 바라보기 바랍니다.

3. 먹이시는 하나님의 손

"이러므로 주 여호와께서 이와 같이 말씀하시니라 보라 나의 종들은 먹을 것이로되 너희는 주릴 것이니라 보라 나의 종들은 마실 것이로되 너희는 갈할 것이니라 보라 나의 종들은 기뻐할 것이로되 너희는 수치를 당할 것이니라"(사65:13).

하나님의 손을 의지하지 않는 자, 하나님의 돌보심을 바라보지 않는 자, 하나님의 손으로 먹이신다는 사실을 믿지 않는 자의 결말은 무엇입니까? 주리고, 목마르고, 수치를 당하는 것입니다. 반면 하나님의 손으로 먹고, 마시고, 돌보심을 받는 자들은 기쁨과 즐거움과 축복이 넘치게 됩니다.

하나님의 손을 의지하는 성도는 자기의 손으로 일해서 먹고 산다고 말하지 않습니다. 하나님의 손으로 먹고 살아간다고 고백합니다. 하나님의 손을 의지하는 성도는 자기 손이 하는 것으로 즐거워하지 않습니다. 하나님의 손으로 행하시는 것을 즐거워하고 그 손을 의지하며 살아갑니다.

오늘도 쉬지 않고 우리를 먹이시고 입히시고 내 삶의 모든 갈급함을 채우시고 눈물을 거두사 기쁨을 주시는 쉼이 없는 하나님의 손을 바라보며 살아가기 바랍니다.

[피드백]

빈칸에 알맞은 단어는 무엇입니까?

1. "나는 나를 구하지 아니하던 자에게 ______을 받았으며 나를 찾지 아니하던 자에게 ______이 되었으며 내 이름을 부르지 아니하던 나라에 내가 여기 있노라 내가 여기 있노라 하였노라"(사65:1).

2. "보라 나의 종들은 마음이 즐거우므로 ______할 것이로되 너희는 마음이 슬프므로 울며 심령이 상하므로 ______할 것이며"(사65:14).

3. "너는 _______하라 네가 애굽 땅에서 종이 되었더니 네 하나님 여호와가 강한 손과 편 팔로 거기서 너를 ______하여 내었나니 그러므로 네 하나님 여호와가 네게 명령하여 안식일을 지키라 하느니라"(신5:15).

[나눔과 적용]

1. 잃어버린 자를 먼저 찾으시는 하나님의 손길을 붙잡은 경험이 있다면 함께 나누어 봅시다.

2. 잘못된 길로 갈 때 종일 손을 펴서 붙잡고 인도하시는 하나님의 손길에 대하여 나누어 봅시다.

3. 예수님의 먹이시는 손의 공급하심으로 인하여 만족하고 감사한 경험이 있는지 생각해 봅시다.

4. 말씀을 통해 새롭게 깨닫게 되었거나 받은 은혜를 나누어 봅시다.

제50주

이 산지를 내게 주소서

♣ **예배 가이드:** 끝까지 쓰임받은 갈렙과 같이 소망으로 사명을 감당하는 성도가 됩시다.

■ **본문:** 여호수아 14장 10~12절

■ **찬송:** 347장, 545장

■ **요절**

"모세가 나를 보내던 날과 같이 오늘도 내가 여전히 강건하니 내 힘이 그 때나 지금이나 같아서 싸움에나 출입에 감당할 수 있으니"(수14:11)

미국 디트로이트에 있는 헨리 포드 자동차 박물관에는 이런 문구가 적혀 있습니다. "포드는 믿음으로 꿈을 꾸는 자이고, 아내는 믿음으로 기도하는 사람이었다" 가난하고 불우한 가정에서 태어났지만 세계적인 회사인 포드 자동차를 세우게 된 자동차의 왕 헨리 포드가 있기까지는 믿음으로 꿈을 꾸고 그 꿈을 이루기 위한 믿음의 기도가 있었던 것입니다.

찬송가 490장 "주여 지난 밤 내 꿈에" 가사입니다.

"주여 지난 밤 내 꿈에 뵈었으니 그 꿈이 이루어 주옵소서 밤과 아침에 계시로 보여주사 항상 은혜를 주옵소서 나의 놀라운 꿈 정녕 나 믿기는 장차 큰 은혜 받을 표니 나의 놀라운 꿈 정녕 이루어져 주님 얼굴을 뵈오리라"

본문은 갈렙이 한 말입니다. 성경에서 갈렙은 이스라엘 백성이 출애굽한 뒤 가나안땅을 정탐하기 위해 보냈던 12명의 정탐꾼 중 한 사람으로 등장합니다. 그때 함께 갔던 사람이 여호수아입니다. 정탐

꾼들이 돌아와서 보고를 하는데 열 명의 정탐꾼은 가나안을 정복한 수 없는 땅이라고 부정적인 보고를 하지만, 여호수아와 갈렙은 하나님이 주신 땅이니 정복할 수 있다고 말합니다. 이때 갈렙의 나이는 40세였습니다.

이후 여호수아와 함께 모세를 돕는 충성스러운 종으로 헌신하다가 여호수아가 모세의 뒤를 이어 이스라엘의 지도자가 된 후에는 계속해서 여호수아를 섬기며 이스라엘 백성을 가나안까지 들어오게 했습니다.

그리고 지금 그는 85세의 노인이 되었습니다. 정말 갈렙은 변함없이 하나님께 충성했던 사람입니다. 갈렙은 작은 일이든 큰 일이든 끝까지 자신에게 맡겨진 사명을 감당했습니다. 함께 가나안땅을 정탐했던 여호수아가 후에 이스라엘의 지도자가 되었을 때에도 시기하지 않고 여호수아를 도우며 가나안 정복에 참여했습니다.

갈렙은 누구에게 충성했습니까? 사람에게 충성한 것이 아니라 하나님께 충성한 것입니다. 하나님께 충성한 사람은 사람에게도 인정받습니다. 충성하는 자가 되기 위해서는 인내해야 하고 때로는 참아야 하며 절제해야 합니다. 무엇보다도 하나님을 사랑하는 자가 하나님께 충성된 성도입니다.

"모세가 나를 보내던 날과 같이 오늘도 내가 여전히 강건하니 내 힘이 그때나 지금이나 같아서 싸움에나 출입에 감당할 수 있으니"(수14:11).

지금 갈렙은 자신이 여전히 강건하다고 말합니다. 40세의 힘과 열정, 용기가 여전히 자신에게 남아있으니 하나님께 자신을 얼마든지 사용해 달라고 말하고 있습니다. 하나님은 열정이 있는 사람, 꿈이 있는 사람을 사용하십니다. 하나님은 준비된 자를 사용하십니다.

"그러므로 누구든지 이런 것에서 자기를 깨끗하게 하면 귀히 쓰는 그릇이 되어 거룩하고 주인의 쓰심에 합당하며 모든 선한 일에 준비함이 되리라"(딤후2:21).

85세의 갈렙은 하나님께 쓰임 받기 위해서 여전히 자신을 관리하고 언제든지 하나님께 쓰임 받을 준비를 하고 있었던 것입니다.

"그날에 여호와께서 말씀하신 이 산지를 지금 내게 주소서 당신도 그날에 들으셨거니와 그 곳에는 아낙 사람이 있고 그 성읍들은 크고 견고할지라도 여호와께서 나와 함께 하시면 내가 여호와께서 말씀하신 대로 그들을 쫓아내리이다 하니"(수14:12).

갈렙이 말하는 이 산지는 어디입니까? 헤브론입니다. 해발 927미터로 가나안에서 가장 높은 지대에 있는 땅입니다. 그 땅에 살고 있는 사람들은 거인이라고 불리던 아낙자손들이고 신장이 2미터가 넘는 과거 네피림의 후손들이 살고 있는 땅입니다. 가나안땅 중에서도 가장 정복하기 힘든 땅, 가장 강한 적이 지키고 있는 그 산지를 갈렙이 자신에게 달라고 하고 있습니다.

갈렙은 왜 가장 힘든 곳을 자신에게 달라고 할까요? 그곳은 하나님이 도와주시지 않으면 절대로 얻지 못할 땅이라는 것을 알기 때문입니다. 남들이 다 하는 것, 하나님이 도와주지 않으셔도 이룰 수 있는 것에 만족하지 말고 하나님만이 이루시고 하나님만이 역사하셔야 이루어지는 비전을 꿈꾸시기 바랍니다.

갈렙이 믿음으로 한 선포는 어떤 결과를 얻게 했습니까?

"헤브론이 그니스 사람 여분네의 아들 갈렙의 기업이 되어 오늘까지 이르렀으니 이는 그가 이스라엘의 하나님 여호와를 온전히 좇았음이라"(수14:14).

하나님이 그 땅을 갈렙에게 주셨음을 믿으시기 바랍니다. 산을 정복하는 성도가 되기 바랍니다. 인생의 산, 고난의 산, 문제의 산을 정복하고 더 나아가 하나님의 축복의 산을 정복하여 놀라운 믿음의 주인공으로 쓰임 받는 성도가 되기 바랍니다.

[피드백]

빈칸에 알맞은 단어는 무엇입니까?

1. "모세가 나를 보내던 날과 같이 오늘도 내가 여전히 ____하니 내 힘이 그 때나 지금이나 같아서 싸움에나 ____에 감당할 수 있으니"(수14:11).

2. "그러므로 누구든지 이런 것에서 자기를 ____하게 하면 귀히 쓰는 그릇이 되어 거룩하고 주인의 쓰심에 합당하며 모든 ____ 일에 준비함이 되리라"(딤후2:21).

3. "헤브론이 그니스 사람 여분네의 아들 ____의 기업이 되어 오늘까지 이르렀으니 이는 그가 이스라엘의 하나님 여호와를 ____ 좇았음이라"(수14:14).

[나눔과 적용]

1. 우리는 얼마나 큰 꿈을 꾸고 있는지, 갈렙처럼 하나님께서 주신 큰 약속을 믿고 나아가는지 생각해 봅시다.

2. 갈렙처럼 믿음으로 도전적인 목표를 세우고 있는 것이 있다면 함께 나누어 봅시다.

3. 하나님께서 우리에게 주신 약속을 붙잡고 살아가는 것이 얼마나 중요한지 함께 나누어 봅시다.

4. 말씀을 통해 새롭게 깨닫게 되었거나 받은 은혜를 나누어 봅시다.

[성탄주일]

제51주
왕을 찾은 사람들

♣ **예배 가이드:** 메시아의 탄생을 기다리고 경배한 자들과 같이 우리의 왕되신 주님을 만나고 찬양하는 성탄절이 됩시다.

■ **본문:** 마태복음 2장 1~12절

■ **찬송:** 108장, 122장

■ **요절**

"또 유대 땅 베들레헴아 너는 유대 고을 중에서 가장 작지 아니하도다 네게서 한 다스리는 자가 나와서 내 백성 이스라엘의 목자가 되리라 하였음이니이다"(마2:6)

성탄절이 되면 우리는 '메리 크리스마스(Merry Christmas)'라고 인사를 합니다. '메리(Merry)'는 그리스어로 '기쁜, 즐거움'을 뜻하고 '크리스트(Christ)'는 '예수 그리스도'를 뜻하며 '마스(mass)'는 '예배'를 뜻합니다. 즉 '그리스도의 탄생을 기뻐하는 예배를 드립시다', '예수 그리스도의 탄생을 기뻐합시다'의 뜻이 되는 것입니다.

크리스마스의 주인공은 산타클로스도 아니고, 어린아이에게 선물을 주는 날도 아닌 우리를 위해 이 땅에 오신 예수님이 바로 성탄의 주인공이시며 우리의 예배를 받기에 합당하신 분이십니다.

그렇다면 예수님은 누구십니까?

1. 경배받으실 왕입니다

"유대인의 왕으로 나신 이가 어디 계시냐 우리가 동방에서 그의 별을 보고 그에게 경배하러 왔노라 하니"(마2:2).

"헤롯 왕과 온 예루살렘이 듣고 소동한지라"(마2:3).

왜 예루살렘에 소동이 일어나게 되었습니까? 지금 이스라엘에는 헤롯이라는 왕이 있는데 동방에서 박사들이 찾아와 '새로 태어난 유대인의 왕'을 찾고 있다고 하니 스스로 왕이라고 생각하며 그 권력을 누리던 자들이 이제 왕의 자리에서 쫓겨나는 사형선고와 같은 메시지요, 포악한 왕으로부터 얽매이고 고통받던 자들에게는 자유와 해방의 기쁨의 소식이었기 때문입니다.

'그의 별을 보고 그에게 경배하러 왔노라' 크리스마스 트리 장식의 가장 하이라이트는 바로 맨 위에서 빛나는 별입니다. 이 별은 예수님의 탄생을 알리는 별을 상징합니다. 동방의 박사들이 그 별을 보고 예루살렘까지 찾아온 것이고 그들은 새로 태어나신 유대인의 왕에게 경배하러 온 것입니다.

'경배하다'는 원어로 '프로스큐네오'라고 하고 영어로 'worship' 뜻은 '엎드려 절하다, 즉 복종하다'입니다. 우리가 경배해야 할 왕은 오직 예수님뿐이십니다. 우리의 삶에 주님보다 더 중요하게 여기고, 주님을 경배하는 것보다 더 사랑하고, 더 귀하게 여기는 것들이 있다면 그것을 내려놓으시기 바랍니다. 성탄절에 우리의 경배를 받기에 합당하신 왕을 찾는 성도가 되기 바랍니다.

2. 다스리시는 왕입니다

"또 유대 땅 베들레헴아 너는 유대 고을 중에서 가장 작지 아니하도다 네게서 한 다스리는 자가 나와서 내 백성 이스라엘의 목자가 되리라"(마2:6).

'다스리다'는 말은 어떤 의미일까요? 통치하고 자신의 권력대로 힘을 나타내는 것일까요? 국어 사전에서 그 뜻을 찾아보니 "보살펴 이끌거나 관리하다, 일정한 목적에 따라 다루거나 돌보다, 가다듬거나 다잡다"의 뜻으로 나와 있습니다.

우리 예수님은 우리를 다스릴 왕으로 오셨습니다. 예수님의 다스림은 어떤 다스림입니까? 세상의 왕이 하는 것과 같이 칼과 창, 권력으로 다스리는 것이 아닙니다. 헤롯왕은 자신의 자리를 지키기 위해 모든 사내아기를 죽이는 끔찍하고 악한 행동으로 백성을 다스렸습니다. 그러나 우리 예수님은 사랑으로 다스리는 왕, 스스로 십자가를 지심으로 구속의 은혜로 다스리는 왕이심을 믿기 바랍니다.

내 인생의 고통의 문제, 슬픔의 문제, 죄의 문제, 근심의 문제, 궁핍의 문제를 다스릴 수 있는 분은 오직 예수님 밖에 없음을 믿으시기 바랍니다.

3. 기쁨의 왕입니다

"그들이 별을 보고 매우 크게 기뻐하고 기뻐하더라"(마2:10).

예수님을 만난 사람들에게 일어나는 공통된 현상은 바로 기뻐했다는 것입니다. 아기 예수님을 만난 목자들이 기뻐서 하나님께 영광을 돌렸고, 동방의 박사들도 아기 예수님을 보고 크게 기뻐했습니다.

"지극히 높은 곳에서는 하나님께 영광이요 땅에서는 하나님이 기뻐하신 사람들 중에 평화로다 하니라"(눅2:14).

그런데 지금 왕이 탄생했다는 소식에 헤롯왕은 하나도 기뻐하지 않습니다. 주님을 믿지 않는 자들, 주님을 알지 못하는 자들은 성탄절에도 그저 선물을 주는 기쁨, 휴일의 기쁨만 있고 참된 기쁨의 복된 소식은 알지 못합니다. 그러나 왕을 기다린 박사들은 기뻐했습니다. 메시아를 기다린 자들에게는 기쁨의 소식이 되었습니다.

사람은 걱정과 근심이 있으면 아무리 좋은 음식을 먹고, 좋은 장소에 있다 해도 기뻐할 수 없습니다. 이 땅에 근심과 걱정되는 일이 많고 낙심과 염려로 슬퍼할 때 우리 예수님을 생각하고 주님께 기도하면 주님이 기쁨을 주십니다. 마음의 위로만 주시는 것이 아니라 주님께서 인생의 모든 문제를 해결해 주십니다. 주님을 우리 삶에 모셔들이면 참된 기쁨이 넘침을 믿으시기 바랍니다.

[피드백]

빈칸에 알맞은 단어는 무엇입니까?

1. “헤롯 왕과 온 예루살렘이 듣고 _____ 한지라”(마2:3).

2. “또 유대 땅 베들레헴아 너는 유대 고을 중에서 가장 _____ 아니하도다 네게서 한 다스리는 자가 나와서 내 백성 이스라엘의 ____가 되리라”(마 2:6).

3. “지극히 높은 곳에서는 하나님께 _____이요 땅에서는 하나님이 기뻐하신 사람들 중에 ____로다 하니라”(눅2:14).

[나눔과 적용]

1. 예수님을 경배받으실 왕으로 고백할 때 우리 인생에 어떠한 변화가 일어날지 생각해 봅시다.

2. 고통, 슬픔, 죄, 근심, 궁핍의 문제들을 왕이신 예수님께서 어떻게 해결하셨는지 나누어 봅시다.

3. 근심과 슬픔 속에서도 예수님의 오심으로 인해 기뻐했던 경험을 같이 나누어 봅시다.

4. 말씀을 통해 새롭게 깨닫게 되었거나 받은 은혜를 나누어 봅시다.

[송년주일]

제52주 열매 맺는 섬김

♣ **예배 가이드:** 올 한 해 열매 맺게 하신 하나님께 감사하며 예비된 상을 바라보며 전진하는 성도가 됩시다.

■ **본문:** 고린도전서 3장 5~9절

■ **찬송:** 301장, 550장

■ **요절**

"그런즉 심는 이나 물주는 이는 아무 것도 아니로되 오직 자라게 하시는 이는 하나님뿐이니라"(고전3:7)

올 한 해를 보내면서 하나님께 감사의 고백을 드리며 우리의 섬김이 열매 맺는 섬김으로 나아가는 섬김이었는지 돌아보기 바랍니다. 그리고 한 해 동안 수고하고 헌신하고 열심히 심고 열심히 물을 주며 돌보았던 모든 섬김 가운데 하나님의 놀라운 열매들이 맺어지기 바랍니다. 무엇이 열매 맺는 섬김이 될 수 있을까요?

1. 주신대로 섬기는 자

"그런즉 아볼로는 무엇이며 바울은 무엇이냐 그들은 주께서 각각 주신대로 너희로 하여금 믿게 한 사역자들이니라"(고전3:5).

하나님께서 모든 사람에게 동일하게 주신 것이 있습니다. 바로 생명입니다. 아무리 인생이 힘들고 세상말로 살기 힘들다, 죽겠다 싶어도 절대 스스로 죽으면 안 됩니다. 죽고 사는 것은 하나님의 손에 달려 있기 때문입니다.

그리고 모든 사람이 하나님께 공평하게 받은 것은 바로 시간입니다. 누구나 하루 24시간, 1년 365일을 받았습니다. 아무리 바쁘게 살아도 하루는 24시간이고, 게으르게 살아도 하루는 24시간입니다. 그 시간을 어떻게 살아가고 어떻게 활용하는가에 따라서 인생이 결정되고 바뀌는 것이지 하나님이 모든 인생에게 주신 시간은 동일합니다.

'사역자'라는 말은 원어로 '디아코노스' 영어로 'servant(하인, 봉사자)'의 뜻입니다. 그렇다면 성경에 나오는 사역자는 누구의 사역자, 누구의 봉사자입니까? 하나님의 봉사자, 하나님의 일꾼, 하나님의 사역자입니다. 열매 맺는 섬김을 하는 성도는 사람을 섬기는 것이 아니라 하나님을 섬기는 마음으로 섬겨야 합니다.

"이제 내가 사람들에게 좋게 하랴 하나님께 좋게 하랴 사람들에게 기쁨을 구하랴 내가 지금까지 사람들의 기쁨을 구하였다면 그리스도의 종이 아니니라"(갈1:10).

그리스도인은 하나님의 기쁨을 구하는 하나님의 종들입니다. 그렇다면 그 섬김은 누가 열매 맺게 하실까요? 주님이 열매 맺게 하시고 주님이 갚아 주십니다.

2. 자라게 하시는 하나님

"그런즉 심는 이나 물주는 이는 아무 것도 아니로되 오직 자라게 하시는 이는 하나님뿐이니라"(고전3:7).

살아있는 모든 것은 자라게 되어 있습니다. 식물과 동물도 자라게 되고 사람도 자랍니다. 마찬가지로 성도의 신앙도 자라야 합니다.

"오직 사랑 안에서 참된 것을 하여 범사에 그에게까지 자랄지라 그는 머리니 곧 그리스도라"(엡4:15).

어디까지 자라야 합니까? 그리스도까지, 즉 예수님의 모습을 닮을 때까지 자라야 합니다. 건강한 성도는 믿음이 자랍니다. 은혜가 자랍니다. 영적 영향력도 성장하게 되어 있습니다. 처음 예수님을 믿을 때는 아무 것도 모르고 교회생활도 낯설지만 시간이 지나면 지날

수록 말씀에 대한 간절함도 자라고 믿음이 자라면서 교회 안에서 섬김의 일, 사명의 일도 감당하게 됩니다.

그런데 성장하는 것은 고통스러운 것입니다. 시련의 시기가 있고 아픔을 겪습니다. 이스라엘 백성이 언제 가장 많이 성장했을까요? 애굽에서 나와 광야길을 갈 때, 바벨론에 포로로 끌려가서 살 때, 로마의 핍박 속에 있을 때 이스라엘 백성은 성장했고 믿음의 사람들이 등장했으며 로마의 핍박 속에서 초대교회는 가장 크게 부흥했습니다.

우리의 믿음을 성장하게 하시는 분은 누구십니까? 하나님이십니다. 예배를 드리다가, 말씀을 듣다가, 기도를 하다가, 헌신과 봉사를 하다가, 목장 모임을 통해서 하나님은 우리의 믿음을 계속해서 자라게 하십니다. 믿음만 자라게 하시는 것이 아니라 삶에 맺게 하시는 열매들도 자라게 하십니다.

3. 일한대로 받는 상

"심는 이와 물 주는 이는 한 가지이나 각각 자기가 일한 대로 자기의 상을 받으리라"(고전3:8).

성경은 분명하게 반드시 수고하고 땀을 흘린 자, 각자 맡은 바 열심히 일한 자에게 상을 주신다고 말씀합니다.

"눈물을 흘리며 씨를 뿌리는 자는 기쁨으로 거두리로다"(시126:5).

사람은 기억하지 못해도 하나님은 기억하고 계심을 믿으시기 바랍니다.

"하나님은 불의하지 아니하사 너희 행위와 그의 이름을 위하여 나타낸 사랑으로 이미 성도를 섬긴 것과 이제도 섬기고 있는 것을 잊어버리지 아니하시느니라"(히6:10).

한 해를 돌아볼 때 열심히 살아왔고 만족한 만큼 살아온 사람도 있고 한 편으로 아쉬움이 남는 그리고 지우고 잊고 싶은 기억이 있는 순간들도 있지만 모든 것이 다 하나님의 은혜이고 감사뿐입니다. 우리의 섬김과 기도에 응답하시고 열매 맺게 하시는 하나님을 바라보며 감사와 소망을 가지는 성도가 되기 바랍니다.

[피드백]

빈칸에 알맞은 단어는 무엇입니까?

1. “이제 내가 사람들에게 ______ 하랴 하나님께 좋게 하랴 사람들에게 기쁨을 구하랴 내가 지금까지 사람들의 ______을 구하였다면 그리스도의 ___이 아니니라”(갈1:10).

2. “오직 ______ 안에서 참된 것을 하여 범사에 그에게까지 자랄지라 그는 _____니 곧 그리스도라”(엡4:15).

3. “눈물을 흘리며 __를 뿌리는 자는 ______으로 거두리로다”(시126:5).

[나눔과 적용]

1. 지난 한 해 하나님께서 가정과 교회에 주신 사역은 무엇이었는지 생각해 봅시다.

2. 주님께서 주신 고난으로 인해 오히려 믿음이 성장한 것을 경험했다면 나누어 봅시다.

3. 하나님께서 주신 사역에 충성하여 베푸시는 축복을 경험했다면 나누어 봅시다.

4. 말씀을 통해 새롭게 깨닫게 되었거나 받은 은혜를 나누어 봅시다.